馬的中國歷史

CONTENTS 目錄

馬與古代中國**戰鬥力**　　楊　泓

十條人命換回一匹的 "天馬"

　　西漢太初元年（西元前104年），中國發生了一場只因
爭奪良馬而起的戰爭。當時的皇帝是雄才大略的漢武帝，他
拜李廣利為貳師將軍，率領屬國騎兵六千，以及 "郡國惡少
年" 數萬人，去遠征大宛（古代西域國名，今中亞費爾干那
盆地，因盛產葡萄、苜蓿、汗血馬而出名）。出兵的原因正
是為了獲取大宛的名馬。

原來，在漢與匈奴數十年的爭戰中，漢馬匹損失的數量巨大，僅以元狩四年（西元前119年）大將軍衛青與驃騎將軍霍去病出塞擊匈奴一役，漢軍出動十萬騎兵，還有塞閱官及私馬凡十四萬匹。等到擊敗匈奴勝利返回時，復入塞馬匹僅剩下不足三萬，損失超過十分之八。戰敗方匈奴的損失更大。雙方戰馬數量的驟減，使得此後幾年再沒發生過大的戰爭。

　　漢武帝為了補足軍馬的損失，一方面擴大養馬業，另一方面致力於馬種的改良。先是引進烏孫的馬種，名曰"天馬"。後來知道大宛有汗血善馬，漢武帝本想通過和平的手段求取大宛馬，便派出名叫車令的使者，到大宛的都城貳師城，送給大宛王千金和一鑄金馬，要求換取貳師城的善馬。不料大宛王根本不願意把善馬送給漢，他認為這馬本是宛的寶馬，就是不給漢人，漢距離大宛國如此遙遠，路途艱險，也沒有辦法派大軍來，所以斷然拒絕了漢使的要求。漢使遭拒後十分不冷靜，怒罵後槌壞金馬離去。宛人嫌漢使無禮，就讓大宛東邊的郁成王劫殺漢使，還奪取了漢使的財物。

　　消息傳至都城長安，漢武帝大怒，便如前所述派遣李廣利率兵出塞進攻大宛。但是，奪取大宛貳師善馬的戰爭，並不像漢朝皇帝和朝臣們估計的那樣順利。李廣利的軍隊出塞以後，果然如宛人所料，沿途小國各個堅守不與漢軍合作，弄得漢軍路遙乏食，軍中不斷減員。勉強進軍到達郁成城下時，李廣利軍中僅剩下數千飢餓的戰士。進攻郁成，不但沒有成功，反被擊敗，損失慘重，李廣利只得引兵退還。出塞往來兩年，軍隊損失十之八九，漢武帝得知大為生氣，命令關閉玉門關，並下令征宛敗回的軍隊，如有敢入關者，斬。李廣利害怕，只得留在敦煌。

漢武帝考慮大宛是小國，漢軍攻而不下，定會影響漢對西域諸國的威信，於是增兵十餘萬，還改進了後勤運輸，命令由貳師將軍率領再次進攻大宛。因為這次漢軍兵多，沿途小國都順從漢軍並供應糧食，使得漢軍順利進抵貳師城下。先斷絕入城水源，然後大舉攻城，很快攻破外城。宛人只得退守中城，為了避免被漢軍破城的噩運，宛貴人們殺死宛王毋寡，與漢軍講和，並盡出善馬讓漢軍挑選。於是李廣利選取宛貴人中與漢友善的昧蔡為宛王，獲取大宛善馬數十匹，中馬以下雌雄共三千餘匹後，勝利班師。這時已是太初四年（西元前 101 年）的春天。

漢如此前後四年，發動兩次大規模軍事遠征，目的就是為了獲得優良的種馬，不但耗費大量資財，而且在兩次遠征中兵員損失就達數萬人，幾乎是用十餘條人命的代價換回一匹大宛馬。這就充分表明，在當時的最高統治者心目中，優良的馬種對維護帝國統治是多麼重要。奪得大宛種馬以後，漢武帝就把原來稱為天馬的烏孫馬改叫“西極馬”，將大宛馬稱為“天馬”。由上面的故事，雄辯地反映出古代戰爭和馬的關係，也表明擁有足夠數量的品質優良的軍馬，是取得戰爭勝利的一個重要因素。

馬最早被用於車戰

回溯中國歷史，馬成為爭取戰爭勝利的重要因素，並不始自西漢時期，至少還要早一千年，那時人們並不是騎馬戰鬥，而是用馬來拖駕戰車。這可以算是中國歷史上馬與戰爭關係的第一個時期——戰車與馬的時期。

雖然在古史傳說中中國夏代就有了戰車，但是目前從田野考古發掘中獲得的古代由馬拖駕的戰車，已是商殷晚期。在河南安陽殷墟，以及山東滕州前掌大、陝西老牛坡等地，都已經發掘到由兩匹馬拖駕的實用木車。木車都有橫長方形的車廂，兩側各安一個大車輪，前面有一根車轅，在車轅前端橫裝一條車衡，在衡的左右各綁縛一個"人"字形的軛，將兩匹馬分別駕在轅的兩側。在車廂後面開有車門，用來讓乘車的人上下。在車箱內可以平行橫站三個人，中間的一個負責管馬駕車，當時稱為"御"；左邊的一個裝備着弓箭，負責遠射敵人，稱為"車左"；右邊的一個拿着長柄的青銅兵器，負責和對方車上的戰士格鬥，稱為"車右"。他們還備有防護裝具，頭上戴的青銅冑，身上穿的皮甲，還有巨大的盾牌。

殷商晚期出現的戰車兵，與步兵相比，具有極大的優勢，提高了軍隊的戰鬥力。今天的戰車——坦克的戰鬥威力，主要有四個要素，即速度（動力系統）、火力（炮、槍、導彈）和指揮通信系統，還有防護能力。相比之下，殷商時期的古代戰車，已經具有了上述現代戰車戰鬥威力四要素的雛形：駕車的雙馬，提供了戰車的動力，使戰車具有必要的速度和衝擊力；車左和車右裝備的弓箭和長柄的格鬥兵器（戈、矛、殳、鉞），提供了遠射和近距離格鬥的殺敵"火力"；車上豎立的旗幟和金鼓，起着聯絡、指揮作用（古時旌旗是主將的標識，主將指揮軍隊進退靠金鼓，擊鼓進攻、鳴金後退）。戰車本身為戰士提供了一個得以保護自己的活動的平台，身上的甲冑和手持的盾牌又都使戰士具有更完備的防護能力。因此早期步兵遇到戰車，缺乏抗禦它那巨大衝擊力和殺傷力的有效手段，也難抵擋其速度的優勢。

正因為如此，當駕雙馬的木製戰車登上戰爭舞台，很快就取代早期步兵，成為主角。晚商的軍隊開始以戰車兵為核心力量重新組建，這也是在安陽殷墟的晚商貴族墓葬中，大量以埋有馬車的車馬坑隨葬的原因。由於戰車兵發揮作用，必須依靠駕車的轅馬，牠們為戰車提供了動力和速度，轅馬傷亡，笨重的雙輪木戰車就一錢不值，成為無法運轉的廢物。優良的轅馬，必須體格健壯，適於負重拖曳，不但要有足夠的耐力，還要在戰鬥時能夠加速奔跑。因此，為了保持軍隊的戰鬥力，就要在戰馬養殖上花大氣力。由於馬對戰爭如此重要，商代晚期可能已經建立了國家的養馬業，在殷墟出土的甲骨文中，出現有"馬"和"多馬"的名稱，學者認為那都是管理馬匹的小官吏。

到商紂王（帝辛）時，周人興起於西北，軍力日強，到武王時趁紂王暴虐荒淫，又值商軍主力遠征東夷，發動了征討商王的戰爭。當時周人軍隊的核心力量是精銳的戰車兵，擁有三百乘戰車。通過考古發掘獲得的周車實物，可以看出周人對戰車有了重大改進，最主要的是將駕車的轅馬由兩匹增加到四匹，並改進了木車輪轂結構。這樣一來，周人的駟

安陽殷墟
出土商代車馬坑

馬戰車不論是速度還是衝擊力，都勝過殷商的雙馬戰車，再加上參加周人方面的諸侯軍隊，戰車的數量達到三千乘，戰車兵的兵力遠遠勝過商軍。又因為商軍主力東征未歸，商紂王為了拼湊軍隊的數量，甚至臨時用奴隸來充數，更是缺乏戰鬥力。這樣的兩支軍隊會戰於牧野，勝負可想而知，最後紂王兵敗逃回鹿台自焚。

駟馬戰車的黃金時代

商滅周興，自此從西周到春秋，中國古代戰爭的歷史步入了車戰的黃金時代。各諸侯國的兵力，都以戰車的乘數來計數，一個大國至少要擁有一千乘戰車，所以被稱作"千乘之國"。軍中所需駕車的馬匹，最少得有四千匹，加上後備的馬匹，以及輸送軍需給養的車輛所需轅馬，一軍所需的馬匹得有萬匹左右。各諸侯國自然需要想方設法畜養馬匹，或是尋找可以輸入馬匹的來源地，對於地域狹小而且領地不適於養馬的小國，自是極大的負擔。國君、貴族和官員，為了顯示尊貴的身份，仍舊流行在墳墓旁附有隨葬真馬真車的車馬坑，或是只埋葬馬匹的馬坑，例如在山東臨淄齊故城發現的5號墓的大型殉馬坑中，經兩次清理的部分已出土馬骨達二百二十八匹之多，馬齡多在六、七歲口，如果全部發掘出土估計至少有六百匹以上。據推測這座大墓可能是齊景公的陵墓。六百匹馬可以裝備駟馬戰車一百五十乘之多。

在周代，又一個善於放牧養馬的民族悄悄在西北崛起，那就是後來統一全中國的秦人。秦人的先輩中造父曾為周穆王御車，非子為周孝王在汧水和渭水之間養馬，使馬匹大為繁殖。因養馬有功績，被周王賜予"贏"姓。秦在春秋時成為五霸之一，戰國時又是七雄之一，其軍力之強盛，也與軍馬充足的條件不無關係。從秦始皇陵園東側兵馬俑坑的發掘，可以看出秦王嬴政據以削平諸國統一華夏，所依靠的那支強大的軍隊，仍舊是以駟馬戰車為主力兵種，但是在第二號俑坑中也可以看到牽着戰馬的騎兵的身影。雖然當時騎兵的數量還不多，據史書記載當時秦有兵員百餘萬人，但只有騎兵萬人，只不過佔軍隊總數的百分之一而已。不過秦俑也告訴我們，當時騎兵已是秦軍中的一個獨立的兵種，這也顯示在中國古代歷史上馬與戰爭關係的第二個時期——騎兵與馬的時期即將到來。

駟馬戰車出戰圖

趙武靈王的功績

　　在中國歷史上由諸侯王開始組建騎兵部隊的時間，要比秦俑坑中陶騎兵俑出現的時間早近一個世紀，即西元前307年趙武靈王的"變（亦稱胡）服騎射"。當時威脅着趙國西北疆域的強敵，是一個善於遊牧並依靠馬匹作戰的民族——匈奴。那是一個古代遊牧民族，遊動於華夏族北方到西北的廣大地域，逐水草而放牧。族內習俗貴壯健，賤老弱，少年能夠張弓騎射，就成為征戰的武士。平時畜牧射獵，沒有正規軍隊，需要時全民皆兵。出戰時有利則勇敢前行，如群蜂密集，勢不可擋；不利時一哄而去，不羞遁逃。戰國時秦、趙、燕諸國都受到匈奴的困擾。因為匈奴全民自幼善於騎馬，而且他們的馬善於在山地大漠溪澗等複雜地形奔跑，中原地區畜養的只拖駕木車的馬與之無法相比。同時四匹馬拖駕的笨重木車，本來難於在複雜的地形條件下作戰，遇到來去迅捷的匈奴騎士，只是被動挨打。中原戰士又只習慣於站在車上射箭，而匈奴戰士習慣於騎在馬上邊跑邊射，更是輕捷主動。何況東周諸侯國的軍隊打仗還要遵守禮數，不鼓不成列，本來駟馬戰車比單騎就笨重遲緩，遭遇匈奴來襲還必須排好陣式再打，那時匈奴騎士早已得利跑得無影無蹤。所以在軍事上總是吃虧，無法抗禦匈奴的侵擾。

　　西元前307年，趙國總算出了個頭腦清楚的君主，就是趙武靈王，他從對匈奴作戰的失敗中得出教訓，明白了以其人之道還治其人之身的道理，知道要想戰勝胡人（匈奴）就要學習胡人的長處。於是開始脫掉傳統的寬大衣袍，按照胡人的樣子改穿窄袖的胡服，穿上褲子，學習騎馬射箭，以輕捷的騎兵對抗匈奴騎士，從而取得對胡人的初步勝利。不過傳統的保守勢力是很難改變的，除非遇到重大的社會變革，所以直到秦統一以後隨葬在秦始皇陵園兵馬俑坑中的模擬軍陣，所表現的還是以駟馬戰車和與之配合的步卒為軍中主力，騎兵雖然已成單獨的兵種，但在軍中所佔比例較小，不佔重要地位。

從趙武靈王時到戰國末年再到秦代，騎兵從開始萌發而緩慢發展，到暴秦覆亡楚漢之爭時，騎兵在軍隊中所佔比例日漸增加，軍隊中常是騎兵和步兵並重。《漢書》中曾記述了下面的故事，西元前204年，漢王劉邦問剛從對魏軍作戰前線返回滎陽大營的酈食其：魏王手下的大將、騎將和步卒將都是誰？回答分別是柏直、馮敬和項它。劉邦一一評論，指出魏大將柏直年青沒有經驗，"是口尚乳臭"，不能抵擋漢軍主將韓信；魏騎將馮敬本是秦將馮無擇的兒子，雖然還善於作戰，但不能抵擋漢軍騎將灌嬰；魏步卒將項它，更無法與漢將曹參相比。所以劉邦十分放心。果然不出劉邦所料，過了一個月，捷報傳來，韓信大勝並把俘虜的魏王豹送到滎陽大營。

咸陽十六國墓出土陶彩繪鎧馬，
長40.5厘米，高44.3厘米

通過上述故事，說明當時軍中除主將外，下面分設騎將和步卒將率領騎兵和步兵，且騎將位列步卒將前。可見騎兵比步兵更受重視。楚霸王項羽本人，也是披甲持戟、騎馬衝鋒的勇將，當楚漢戰爭已近尾聲，楚霸王項羽被漢軍圍在垓下，他唱出："力拔山兮氣蓋世，時不利兮騅不逝。騅不逝兮可奈何，……"的悲歌。最後逃到烏江邊，自刎前將所騎駿馬騅託給烏江亭長，說明他騎這匹馬五年，所向無敵，能日行千里。充分表達了勇將愛惜戰馬的深切感情，同樣顯示出優秀的戰馬在戰爭中所起的作用。

健兒需快馬

　　西漢統一全國後，因韓王信投降匈奴，高祖劉邦親率以步兵為主的三十二萬大軍北逐匈奴，不料被匈奴的四十萬騎兵包圍在白登（今山西大同附近），從城中眺望，匈奴四面圍城騎兵的馬色各不相同，西方的都騎白馬，東方的盡騎青馬，北方的騎黑馬，南方盡騎赤黃馬，真是威風凜凜，殺氣騰騰。漢軍接連七天地凍缺食，最後不得已只能不光彩地用陳平秘計，讓軍中婦女出城誘引匈奴軍，而漢帝劉邦乘隙從另一面潰圍出逃。

　　從此匈奴騎兵的侵襲使西漢無力抵禦。因為連年戰亂經濟凋敝，馬匹奇缺，據《史記・平準書》記載，西漢初年連皇帝的馬車都找不到四匹同樣純淨毛色的馬，將相高官有的連駕車的馬都找不到，只能勉強坐牛車，一匹馬價值百金之多。缺乏戰馬自然難以組建數量能與匈奴對抗的騎兵，無力阻止匈奴騎兵的侵襲，以致匈奴的斥候騎兵（偵察兵）輕易地可以到達能夠望到都城長安的甘泉地區。

　　經過漢文帝和漢景帝時期的休養生息，社會經濟很快恢復並且有了很大的發展，國家倉庫中錢糧充足，倉內糧食歷年積壓，以至糧倉盛滿外溢，只得露天積放。同時民間養馬業發展很快，各個街巷都可見到馬匹，田野上更是馬匹成群，官員們自然早就不再為無馬駕車發愁，普通老百姓聚會都乘馬而去，而且習俗規定與會必須乘父馬（雄馬）而不得乘牝馬（雌馬），以免馬匹出現相互咬鬥等事故，足見民間馬匹之充盈。充足的糧食和養馬業的繁盛，為以後漢武帝時發動大規模征伐匈奴的戰爭準備了堅實的物質基礎。

　　到漢武帝元光二年（西元前133年）六月，終於決定對匈奴採取軍事行動，漢兵三十餘萬埋伏在馬邑旁邊，讓馬邑人聶翁壹引誘匈奴單于，企圖圍殲單于的十萬騎兵，不料被單于識破，引軍退走。從此開啓了漢與匈奴決戰的序幕。此後直到元狩四年（西元前119年）的十餘年間，匈奴騎兵不斷入塞侵擾，漢軍也不斷大舉出塞遠征。由於馬匹充足，漢軍的騎兵部隊不斷擴大，每次出塞由三、五萬騎兵，最後到元狩四年大將軍和驃騎將軍兩軍騎兵十萬、私負從馬達十四萬匹之多。而且隨着騎兵規模的擴大，騎兵的軍事素質和技戰術均日益提高，逐漸取得戰爭的主動權。反之匈奴方面，仍舊維持着原來的舊模式，缺乏技戰術訓練，仍舊是蜂擁而上、襲擾為主。又常錯誤估計形勢，以為漢軍難以到達而缺乏敵情意識，例如元朔五年（西元前124年）春，漢大將軍衞青將六將軍率兵十餘萬出朔方、高闕，但匈奴右賢王錯誤認為漢兵距離他的駐地很遠不能到達，不設防備，飲酒大醉。不料漢軍出塞六、七百里長途奔襲，趁夜將他包圍，右賢王只得狼狽出逃，所領小王十餘人和男女一萬五千人成為漢軍俘虜。

元狩四年大將軍衞青和驃騎將軍霍去病大舉率兵出塞，這就是本文開篇時引述的戰役，當時漢發騎兵十萬，私募從者從馬達十四萬匹，步兵及後勤等軍更多達數十萬人。此時匈奴單于居幕北，以為漢軍達不到那樣遠的地方，但是衞青率軍到達，接戰以後用兩翼包抄的戰法將匈奴單于包圍，結果單于只帶數百健壯的騎兵向西北突圍逃脫，漢軍斬獲匈奴軍首級一萬九千之多。驃騎將軍霍去病軍與匈奴左賢王接戰，左賢王逃走，漢軍斬獲匈奴軍首級更達七萬多。經過這次戰役，漢軍將匈奴軍驅趕到對漢不構成威脅的遠方，取得了決定性的勝利。但是漢軍也損失數萬戰士，戰馬損失更是慘重，如前所述，死去的馬匹多達十餘萬匹，再入塞時只剩下三萬匹馬。為了恢復騎兵的戰鬥力，漢武帝只得一方面在國內採取鼓勵養馬等措施，另一方面向域外尋求優良馬種，甚至不惜動用戰爭手段以獲取大宛的汗血天馬。

西漢時對於馬種改良的成績，可以由此後漢代的駿馬雕塑品反映出來，例如從陝西茂陵無名塚從葬坑出土的鎏金青銅馬，正是反映西漢馬種改良的早期作品，銅馬體長75厘米、體高62厘米，大約是真馬尺度三分之一強。塑造的是馬的立姿，四肢直立，頭頸自然前伸，馬尾按當時習慣結紮下垂。其姿態穩定安詳，外貌英俊，頭小，雙耳如批竹，馬嘴微張，露出了四顆牙齒，頸長而彎曲，胸圍寬厚，胸肌勁健，四肢修長，臀尻圓壯。為了如實類比真馬，耳間和頸上都刻出鬃毛，還鑄出馬的生殖器，並在肛門處開有小孔。大約類比的就是"天馬"形貌。西漢後期直到東漢時期，墓葬內隨葬的青銅或陶、木的駿馬模型，同樣也都類比着天馬的體姿，造型方面已經突破呆板的四肢佇立的舊模式，常常將牠們塑造成昂首挺胸，抬起一隻前蹄，向前慢步行進的姿態。通常認為是很成功的作品，就有四川成都天迴山漢墓出土的陶馬，體高達114厘米，牠是與一輛雙轅陶車伴同出土的。還有河北徐水防陵村東漢墓出土的兩件銅馬，牠們的體高也達113－116厘米。

陝西茂陵無名塚從葬坑出土鎏金青銅馬，長75厘米，高62厘米

鐵騎縱橫

　　馬種的改進，使騎兵部隊可以得到優良的坐騎。接下來需要改進的就是馬具。先秦時期騎士使用的轡頭勒銜還是沿用駕車轅馬的馬具，而馬背只有簡陋的鞍墊。到秦和西漢初，情況也好不了多少，從秦始皇陵園兵馬俑坑出土騎兵俑和乘馬模型，以及西漢楊家灣出土施彩騎兵俑來觀察，也還是使用鞍墊，但製工較為精緻，鞍墊厚實並聯結着胸帶和鞦帶。直到東漢時期才看到前後有鞍橋的真正的馬鞍。又過了近一個世紀，一項具有劃時代意義的馬具終於出場，那就是馬鐙。

　　目前中國也是世界上最早的馬鐙，發現於湖南長沙西晉永寧二年（西元302年）墓的騎俑上。戰馬裝備了馬鞍和鐙，標誌着騎兵馬具已經齊備，使騎士能夠更好地駕馭戰馬，與戰馬真正結合成一體，也使騎兵能夠成建制地完成整齊劃一的戰術動作，更可以使戰馬全身披掛上護甲後騎士還能自由駕馭，就為重甲騎兵——甲騎具裝的出現創造了條件。果然在馬鐙出現後不久，就在東晉十六國時期迎來重甲騎兵的春天。戰士和戰馬都披掛重甲的甲騎具裝成千上萬出現在戰場上，成為這一歷史時期戰爭中具有時代特徵的亮麗色彩。也使得中國古代歷史上騎兵與馬的時期，走向以甲騎具裝為特徵的新階段。這一時期對馬具的完善和馬具裝鎧的發展有突出貢獻的古代民族，是崛起於呼倫貝爾大草原的鮮卑族。其中的慕容鮮卑，在十六國時期曾在遼東半島直到中原腹地，先後建立了前燕（西元337－370年）、後燕（西元384－407年）、南燕（西元398－410年）等政權。北燕（西元409－436年）也是與慕容鮮卑關係密切的馮跋家族所建立。慕容

長沙西晉永寧二年（西元302年）墓出土單鐙馬俑

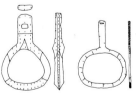

北燕和高句麗的馬鐙
北燕馮素弗墓馬鐙（左）
集安禹山下41號墓馬鐙（右）

鮮卑的軍隊就是以人與戰馬都披鎧甲的重裝騎兵——甲騎具裝為核心。目前在田野考古發掘中所獲得的鐵製馬具裝鎧，就是發現於遼寧朝陽、北票一帶的前燕、北燕的墳墓中的隨葬品，同時也隨葬有人披的鐵鎧甲和大量鋼鐵兵器。先是在朝陽十二台鄉的十六國墓（88M1）出土有保存完整的鐵馬面簾，後來又將從北票喇嘛洞十六國墓（IM5）中出土的鐵馬具裝鎧進行復原研究，終於認清了當時馬具裝鎧的全貌，包括面簾、雞頸、當胸、馬身甲和搭後。披上這領鐵具裝鎧後，除了眼睛、耳朵、口、鼻和四蹄以外，戰馬全身都得到鎧甲的保護，極大地增強了騎兵的防護能力和戰場上的衝擊力。

用來對付戰馬缺乏具裝鎧保護的輕裝騎兵，以及缺乏騎兵而是以步兵為主的軍隊，人和戰馬都披裹着鎧甲的鐵騎就自然在戰場上自由地縱橫馳騁，所向無敵。

就在中原大地上政權不斷變換的期間，鮮卑族的另外一支——拓跋鮮卑，從她發源的長白山林，輾轉迂迴遠徙，經內蒙古草原來到山西雁北地區，建立了新的政權，先稱代後改國號為魏，史稱北魏。同慕容鮮卑一樣，拓拔鮮卑有着歷史上長期畜牧為生的傳統，幾乎全民都是優良的騎士，他們也同慕容鮮卑一樣，以人和戰馬都披裹着鎧甲的重裝騎兵——甲騎具裝為軍中主力。自西元398年北魏道武帝拓跋珪定都平城（今山西大同），依靠精銳的騎兵部隊先後滅掉大夏、北燕、北涼，奪取南朝劉宋控制下的山東地區，不過用了不到半個世紀，就統一了北方地區，隨後北魏鐵騎繼續南卜，進軍江淮地區，與南朝劉宋展開爭奪戰。這時靠鐵騎橫掃中原大地的北魏軍隊，遇到水系縱橫的地形和構築牢固的設防城市，喪失了騎兵的優勢，戰場在淮水一線基本上形成膠着狀態，從此中國古代歷史進入南北對峙的南北朝時期。

大同雁北師院北魏墓出土陶彩繪馬，長33.8厘米，高32.3厘米

19

　　北朝的軍隊，從北魏到後來東魏西魏分裂，再到北齊和北周對峙，其核心力量一直是重裝騎兵——甲騎具裝。所以在這一時期墓葬隨葬的陶俑群中，都有數量眾多的甲騎具裝俑，這些類比重裝騎兵的陶塑藝術品，讓我們今天得以了解北朝軍隊中甲騎具裝的形貌。在北朝時期佛教石窟寺的壁畫中，也常可看到重裝騎兵的身影，例如敦煌莫高窟第285窟西魏壁畫和第296窟北周壁畫。特別是第285窟描繪"五百強盜成佛"的連續壁畫中，有關於官兵收捕眾強盜的畫面。圖中畫出的官兵都是重裝騎兵——甲騎具裝，所騎戰馬所披的具裝鎧都畫成青綠色，表明類比的是當時著名的"綠沉甲"。他們使用的兵器是長柄的馬矟，即俗稱的"丈八蛇矛"，身上還佩帶有弓箭。與官兵對抗的強盜全是沒有鎧甲防護的步兵，使用刀、盾或長戟。這幅畫生動地表現出北朝時步兵與重裝騎兵對抗的情景，而後來強盜全部被捉住反綁起來，也是當時的步兵無力抗禦重裝騎兵的真實寫照。

面簾　　雞頸　　寄生　　搭後　　當胸　　馬身甲

重裝騎兵是北朝軍隊的核心力量，此為甲騎具裝分解圖

輕騎兵進行曲

　　西元649年，一位偉大的唐朝皇帝逝去，他就是與他父親李淵共同創建了唐朝的太宗李世民。為了頌揚他的功績，在他的陵墓前立了六尊巨大的浮雕，分別刻出六匹戰馬的圖像，牠們的名字是颯露紫、拳毛騧、白蹄烏、特勒（勤）驃、青騅和什伐赤。這六匹馬都是李世民在唐朝開國平定群雄的戰爭中騎乘的戰馬，牠們的姿態各不相同，有的佇立，有的緩行，有的急馳，有的身上帶有箭傷，甚至被射中的箭還留在身上，只有颯露紫一石在馬前方刻出一位戰將為牠拔箭。值得注意的是，這些軍中主帥李世民所騎的戰馬，竟沒有一匹是披裹有馬具裝鎧的。同時，這些戰馬的裝飾和馬具，例如馬鬃剪飾成花，馬鞍後橋傾斜等特徵，都表明牠們可能是來自突厥的駿馬。其中一匹叫特勤驃，突厥的王子稱"特勤"，驃是黃色馬，大約是某一位突厥王子所贈送的黃驃馬。

重騎兵與輕騎兵

　　歷史似乎又重複了近千年前趙武靈王向強敵學習而創建騎兵的事跡，當隋朝派遣李淵到馬邑郡，與郡守王仁恭一起北禦突厥。王仁恭因為所領兵少十分畏懼。但是李淵向他仔細分析了突厥的長處，是營無定所，陣不列行，見利一哄而來，遇到困難又迅速逃跑，都如風馳電掣，逐水草為居室，以羊馬為軍糧，吃苦耐勞，人人能騎善射。正與歷史上的匈奴戰士相近似。所以李淵也選取部下能騎射的戰士二千餘人，飲食生活，馳騁射獵，全按突厥習俗，因此在抗擊突厥的戰事中取得主動。以後守晉陽時，也不斷引進突厥駿馬。可見唐軍騎兵的組建和訓練，深受突厥影響。在唐初平定群雄的歷次戰役中，騎兵的功績也與此有關。因此在十六國到北朝時期佔據着戰爭舞台主角位置的重裝騎兵——甲騎具裝，這時重新讓位於戰馬不披鎧甲的輕裝騎兵。戰馬卸去了沉重的具裝鎧，使騎兵部隊更靈活機動，充分發揮出輕捷迅猛的特點。主帥李世民的戰馬都不披具裝鎧，就是證據。從此中國古代騎兵與馬，又走入以輕騎兵為主的階段。

唐代騎兵行進圖
敦煌莫高窟156窟張議潮出行圖
壁畫局部摹本

內蒙古東部的呼倫貝爾大草原，一直是遊牧民族的歷史搖籃，鮮卑族、契丹族和女真族，都是在這個搖籃裏長大的，並且在這裏度過了他們歷史上的青春時期。到了女真族建立金朝在中原腹地站穩腳跟以後，猛一回頭，卻發現曾經養育自己的搖籃又養育出另一個新的民族，形成對金朝後院的巨大威脅。於是金朝皇帝同歷史上許多中原的統治民族一樣，匆匆忙忙地構築消極的防禦工事，但是沒有建築城垣，而是採用了挖掘壕塹，用連綿不斷的長壕作為屏護的手段。那就是今天在內蒙古等地還保留着的金界壕遺址。由塹壕、長堤（長牆）和屯戍的邊堡組合而成，形成長達7000餘公里的防禦工事體系。它們開始構築於天眷元年（西元1138年）以前，以後幾經修築，大約延續到承安三年（西元1198年），時間超過半個世紀。不過最終並沒有能夠像金朝的統治者預想那樣，阻止入侵者的鐵騎。曾經養育他們成長的搖籃還是落入那個新出現的民族之手，那就是由成吉思汗統率的蒙古族。

進入呼倫貝爾大草原，就使蒙古族擺脫了在斡難河與額爾古納河之間狹小地區的侷促境地，利用這裏的優越的自然條件，充分地把自己武裝起來。曾經養育了鮮卑、契丹、女真的搖籃，培育出了另一個遠比他們更為強悍的民族。歷史學家翦伯贊在訪問了呼倫貝爾草原的古代遺跡後寫道："這次訪問對於我來說，是上了一課很好的蒙古史，也可以說揭穿了一個歷史的秘密，即為甚麼大多數的遊牧民族都是由東而西走上歷史舞台。現在問題很明白了，那就是因為內蒙古東部有一個呼倫貝爾草原。假如整個內蒙是遊牧民族的歷史舞台，那麼這個草原就是這個歷史舞台的後台。很多的遊牧民族都是在呼倫貝爾草原打扮好了，或者說在這個草原裏裝備好了，然後才走出馬門。當他們走出馬門的時候，他們已經不僅是一群牧人，而是有組織的全副武裝了的騎手、戰士。"當蒙古族裝扮完畢，離開這個古代遊牧民族的武庫、糧倉和練兵場的大草原時，就像平地捲起的狂飇一樣，席捲中華大地，使中國古代的政治地圖又一次塗上了統一的色彩。不僅如此，他們還衝向更為寬廣的世界，由亞洲到歐洲展開了歷史性的活動，書寫了他們在世界歷史中令人驚詫的篇章。

強勁的蒙古騎兵，依仗的是體形低矮、四肢較短的蒙古馬種，牠們的步幅和速度雖然遜於中亞和西亞的名馬，但是更為吃苦耐勞。由於元朝建立對全中國的統治，也就使得中國的養馬業終於由蒙古馬一統天下，以後的明清兩朝依然如此。描繪元代蒙古馬的造型藝術品，有陝西地區元代墓葬隨葬俑群中的鞍馬模型。更具藝術價值的還有傳世的古代繪畫，其中的佳作要數台北故宮博物院所藏劉貫道繪《元世祖出獵圖》，在無垠的大漠中行進的獵騎中心，是紅衣白裘的元世祖忽必烈畫像，安坐馬上，傲視一切。他所跨騎的黑馬，白鼻白蹄，也正是馳騁於亞歐大陸的蒙古馬的典型代表。

（楊泓，中國社會科學院考古研究所研究員）

戰爭與交通

24

邯鄲戰國銅馬
和胡服騎射

趙建朝　李海祥

　　1997年10月晚上，河北省邯鄲陳三陵村一個村民去趙
王陵2號陵旁放夾子捕野兔時，突然發現陵台古墓頂上有人
影晃動，行為詭秘。他意識到可能有人在盜墓，便飛快奔回
村裏報告，村裏又上報公安局，巡警迅速趕到墓地附近。此
刻，在墓頂上望風的盜墓賊發現了沿崎嶇小道急馳而來的警
車，顧不上通知墓穴中的同夥，紛紛落荒而逃，而仍在墓中
挖掘的盜墓賊就成了甕中之鱉。經審訊後，盜墓賊供出已從
趙王陵2號陵盜出大批珍貴文物，而且已經販運出境。

幹警縝密偵察，萬里追蹤，1998年販賣到國外的文物終於成功追回，完璧歸趙。在這批追回的文物中，最讓人興奮的莫過於三匹形態各異、栩栩如生的青銅馬了。

從這三匹馬的造型看，牠們尾巴均打結，而且肌腱隆突，四腿發達，背部豐滿，臀部強健，馬頸有力，應是成年戰馬的造型。從雕塑藝術的角度審視，這些馬採用了多視角立體構圖的圓雕手法，以一條和諧明快的曲線勾略出馬的頭、背、臀、尾的整體輪廓，並將馬細部特徵表現得淋漓盡致，栩栩如生。趙王陵青銅馬反映了趙國藝術的精湛，代表了趙文化燦爛的藝術成就。與目前已知出土的秦兵馬俑、甘肅威武雷台出土的馬踏飛鳥、河北徐水防陵漢墓銅馬、湖北九連墩戰國楚墓出土青銅馬、四川綿陽何家山出土大銅馬、張掖葫蘆墩銅馬相比，這三匹青銅馬的藝術風格則表現了更加明顯的寫實性，代表了這個時期青銅馬造型藝術的更高成就。

這三匹馬形體雖然小，但造型完美，可惜還未遇上伯樂，所以至今還沒有與其精彩的形象匹配，且恰如其份的馬名。

馴馬發跡，御馬而興

過去在先秦其他陵墓裏雖然有發現車馬坑和殉馬坑，但是出土的是馬的骸骨，如此精美的青銅馬塑像是極為罕見的。趙王為甚麼會把青銅馬埋入陵墓呢？

趙氏是一個"馴馬發跡，御馬而興"的氏族，其先祖與"馬"有深厚的淵源。根據《史記·秦本紀》與《史記·趙世家》的記載，秦、趙先祖都是以為君王馴養鳥獸為業，馴養的鳥獸中可能會有馬。至遲在商周，趙氏先祖已因為為帝王御車而受封。此後趙氏仍以馴馬駕車的祖傳職業服務於統治者，逐漸發展壯大。總之，趙氏的繁衍和興旺與馬有不解之緣。

韓趙魏三家分晉後，趙氏成為一支重要的政治勢力，並逐漸發展為戰國七雄之一。西元前386年，趙敬侯遷都邯鄲。西元前325年，趙武靈王（趙雍）繼位，是趙國遷都後的第四代國君。

趙因胡服騎射而強

趙武靈王繼位前趙國已經面臨嚴峻的形勢，趙國與魏國被承認為諸侯之後，魏國一度執三國牛耳，趙國位置偏北，國土偏小，一直不能有大作為。而此時在山東的齊國自馬陵之戰以後，代替魏國稱霸關東；秦國由於商鞅變法成功，躍為強國，虎踞關西，力圖打出函谷關。當趙武靈王登上歷史舞台的時候，正是齊、秦兩強東西對峙時期，趙國成為齊秦兩強爭奪的對象。他堅決實行"胡服騎射"的政策，不久就見成效。他的措施包括：

鼓勵西北邊境居民畜養戰馬，以供軍隊之用。

在與林胡、樓煩接境的地區首先組建由當地牧民編練而成的精銳騎兵部隊。

有了騎兵並逐漸強盛，於是"西略胡地至樓煩、榆中"，打敗林胡，迫使"林胡王獻馬"。

從此，趙國一改過去積弱不振的局面，開始成為中原的軍事強國。趙武靈王及其後世君王大力宣導的"胡服騎射"改革，使趙國的軍事力量空前強盛，"地方二千里，帶甲數十萬，車千乘，騎萬匹，粟支數年"（《史記·蘇秦列傳》），史稱"山東之建國莫強於趙"。趙氏因馴馬發跡於世，趙國又因"胡服騎射"而強國，進而開疆拓土，成為戰國七雄之一。

以馬殉葬的原因

　　目前已發現趙國貴族墓葬的陪葬車馬坑達13處之多，且已發現的趙國貴族墓葬均有車馬陪葬，無一例外，這似乎印證了趙氏與馬的特殊源淵關係。山西太原金勝村趙氏墓陪葬有兩座大型車馬坑，出土殉馬多達44匹，車16乘。河北省邯鄲市百家村趙國貴族墓群，有殉馬坑6座，其中1號坑殉馬多達26匹。邯鄲趙王陵3號陵1號陪葬墓的墓道中，也發現了殉馬坑一座。2000年邯鄲市西環路又發現了趙國貴族墓3座車馬坑，其中3號坑殉馬達20匹，狗2隻，車4乘。

　　2001年趙王陵2號陵出土有一個車馬坑，有車4輛、馬14匹，從葬式上看，這墓主人等級更高，身份更加顯貴，應是王族。可惜因為盜墓賊把三匹青銅馬盜出墓室，雖然後來成功追回，可是已無法得知它們在趙王陵2號陵是處於甚麼位置，擔當甚麼樣的角色了。我們只能說，這些健壯的馬，能在戰場上衝鋒陷陣的馬，正是趙國得以發展壯大的重要保證。趙王陵之所以把青銅馬作陪葬，也就不難理解了。此外，由這些馬的造型來看，似乎強調牠們有強大繁殖能力；牠們姿態從容，沒有鞍韉，像在草地自由走動吃草，跟在車馬坑或殉馬坑出土的乘用或拉車狀態的馬不同。

舉頭青銅馬，高18厘米，長24.5厘米，腹圍17厘米，重約1470克。馬的形態是舉頭行走的樣子，吻部前伸，雙耳上翹，頜骨突出，頜角分明，眼神凝重深邃，頸部有力，背部豐滿，臀部強健，肌腱隆突，尾巴上翹，長約5厘米，尾端打結。四肢發達，左前腿直立，其餘三腿微屈，左前、右後兩蹄前傾，呈欲向前邁步狀。雄性生殖器造型明顯，陰莖平直碩大，長約4厘米，陰囊明顯，睪丸突出。細部刻畫細膩，頭部、頸部兩側、尾部鬃毛線條流暢，馬掌部位也刻畫得惟妙惟肖。

戰國時期的戰馬是否騸馬？

覓食青銅馬，高15厘米，長23.5厘米，腹圍18.3厘米，重約1375克。此馬頭部下低，雙耳上翹，吻部下伸，作覓食狀。餘同舉頭青銅馬。

趙王陵的青銅馬，為研究戰國時期的戰馬是否"騸馬"，提供了有趣的資料。馬是古代戰爭中重要的坐騎，雄性馬稱為"兒馬"，雌性馬稱為"騍馬"，割掉睪丸的閹割馬稱為"騸馬"。長期以來，史學界一直爭論戰國時期的戰馬是兒馬、騍馬還是騸馬。有學者認為當時的戰馬均為騸馬，其根據有三：一是，甲骨文中已有反映閹豬、騸馬的象形字；二是，《大戴禮記·夏小正》和《周禮·夏官·廋人》中都有"攻駒"或"攻特"的記載，"攻駒"或"攻特"是指給馬和牛做閹割手術，這說明先秦時期已有為公畜去勢的技術。三是，騍馬一般每21天發情一次，每次持續7天左右。兒馬成熟後，一般脾氣較大，性情暴烈，一旦見到發情的騍馬（雌馬），就難以操控，不易騎乘。而騸馬的性情穩定、溫順，膽子大，更適合作為戰馬。

戰國時期雖有騸馬的技術，但戰馬是否為騸馬仍值得質疑。第一，戰國時期騸馬技藝是否已經成熟並相當普遍；第二，從動物考古學的角度看，出土的相當數量的殉馬還不能確認是否為騸馬；第三，趙王陵出土雄性生殖器造型碩大的青銅馬的事實，雖然不能結束這一爭論，但至少可以說明戰國時期存在喜愛雄性馬的情況。

關於戰國時期的戰馬是兒馬、騍馬還是騸馬的爭論，還有待動物考古學的進一步證實。

（趙建朝、李海祥，邯鄲市博物館館員）

佇立青銅馬，高15厘米，長22.5厘米，腹圍18.2厘米，重約1605克。這匹馬作佇立的形態，頭部下低，吻部內收，雙耳前伸。兩前腿直立，兩後腿微向後屈。餘同舉頭青銅馬。

| 戰爭與交通 |

從孫悟空封 "弼馬溫" 說中國古代養馬和馬政

冬霓

牧馬圖
嘉峪關魏晉墓壁畫

　　《西遊記》第四回中，孫悟空擾亂龍宮，被東海龍王上告天庭，玉皇大帝為招安這個不安分的猴王，給他封官 "弼馬溫"，在天宮御馬監飼養和管理 "天馬"。猴子勤奮工作，把大群天馬餵養得膘肥體壯。後來他聽說這個官太小，不入流，感到被玉帝戲弄了，才大鬧天宮，反出南天門，重回花果山——這是中國百姓婦孺皆知的故事。但 "弼馬溫" 到底是個甚麼官兒？歷來研究、註釋《西遊記》的學者，搜索枯腸，不得其解。直到台灣的一位歷史學家寫了《 "弼馬溫"釋義》的考證文章，才知道其中實有典故。原來先秦古書《馬經》上記，在馬廐中養母猴，能夠抑制馬瘟疫的發生，馬吃了黏有母猴經血的草料，可保不生病。故宮博物院藏宋人《百馬圖》卷，共畫各種姿態的駿馬94匹，正在勞作的馬夫10多位，特別之處是畫中還繪有一隻猴子，正是神話傳說中掌管天馬的"弼馬溫"。原來，所謂"弼馬溫"，本是"避馬瘟"三字的諧音！

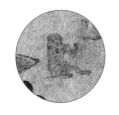

宋人《百馬圖》卷　局部
畫上方中心部位繪一隻猴子
故宮博物院藏

拋開小說家的詼諧不談，回顧中國與馬有關的歷史，在中國古代負責管理、飼養馬匹的機構，其實都是國家的要害部門；管理馬政和養馬的官員，都肩負着千斤重擔。《史記》"秦本紀"、"趙世家"記載，戰國七雄中秦、趙兩國的先人，就是因為君王御車、養馬而受封發跡。秦人的先輩中造父曾為周穆王御車，非子為周孝王在汧水和渭水之間養馬，因馬匹成功繁殖，被周王賜予"嬴"姓；趙國的先祖，也一直以馴馬駕車為祖傳職業服務於統治者，因精於此道，才有後來趙武靈王"胡服騎射"的成功改革。就連唐代謀反的安祿山，也是因為得寵於楊貴妃，攬得管理馬匹的內外閑廄都使大權，還兼統國家著名的養馬場樓煩監，從而暗選良馬，擁兵自重，終至釀出"安史之亂"的大禍。

如此看來，養馬和管馬之責，實為國家重責，養馬和管馬的官員，更是國家之要員。

從這個意義上說，孫悟空真小看"弼馬溫"這個官職了。

中國古代的養馬術

中國古人既重馬，有悠久的養馬史，亦總結出許多獨到的養馬技術，其中最重要的首推發明馬匹去勢術。去勢即閹割手術，這一技術實在是養馬史上的重大成就，主要功能是保優汰劣的選種作用，傳說黃帝時已有運用。謝成俠在《中國養馬史》中表示，既然殷商社會已有對人的閹刑，而人體手術一般都先經動物的實驗，則馬匹去勢術只可能更早，至遲在殷商之前或即有之。去勢後的馬匹一般更加強壯矯健，性格溫順，利於調教，易於為人驅使。

關於馬的飼養和繁殖，殷商卜辭中的"馭"字，已有表示人以手牽馬和為馬洗刷，水自馬身滴下的象形字樣。《禮記·月令篇》也記載了一年四季管理馬匹的經驗：春季是馬的發情期，盛行配種，並要記錄有關交配情況，以備查考；夏季不讓馬群中的公馬任性活動，以防傷害受孕的母畜；秋季是調教訓練馬為人騎乘和駕車的好時機；冬季則不令牛馬放逸在外，以免踐傷莊稼。

馬交配圖
嘉峪關魏晉墓墓壁畫

古代最重養的是軍馬，《吳子兵法》就有很科學的軍馬飼養管理方法，要求把馬飼養在合適的地方，周圍要有清潔的水源、良好的草料，餵養時要節制牠的飢飽；冬天要有暖和的馬廄，夏天要搭涼爽的馬棚；修飾鬃毛時，應遮擋牠的耳目，不使其驚恐；給以調教，使之馴服，人馬相親，然後可使。《吳子兵法》還指出，應該愛惜馬匹，凡騎乘到傍晚及路途遙遠，必須下馬數次，"寧勞於人，慎勿勞馬"，寧可人乏，也不要讓馬受累。

　　明代《陶朱公致富全書》對馬的認識已十分透徹：

　　"馬者，火畜也，其性惡濕，利居高燥……中春放淫，順其性也……盛夏必浸，恐傷於暑，冬季必溫，恐傷於寒。久步則筋勞，久立則骨勞，久汗不乾則皮勞，汗未燥而飲飼則氣勞，驅馳無節則血勞。餵料須擇新草，篩簸料豆。若熟料，用新汲水浸冷，方可餵之；飲以新水，一日三次，早、午、晚是也。冬月飲水訖，亦須騎驟，摘卸不易當風……"

　　上文的大意是：馬是體性燥熱的牲畜，不喜歡潮濕，最好養在乾燥高敞的地方……春季的時候任其交配，順其發情……夏季要使其近灌洗，以免中暑。冬季要保證馬舍溫度，使其不受風寒。另外要避免五種讓馬受勞累之傷的情況，要給牠新鮮的食物、清潔的水，早中晚一天三次。飲完水，應縱馬活動。除去鞍轡韁繩時，不可在迎風處。

　　明朝洪武初年頒定的《馬政榜文》，更逐條行文規定：一，馬料豆煮熟，務要晾至涼冷，多用料水與草拌勻，才能餵馬，決不許用熱料餵馬；馬飲完水，應牽着緩緩走步，行五、七里，再繫於空閑沙土地上，使其隨意睡臥，不許束縛在槽上不動。二，春季草長時，放馬十匹，或二十匹，或三五十匹，隨水草豐茂去處，晝夜放牧，如遇炎暑……每日午間趕樹蔭下歇涼，無樹蔭則搭涼棚歇涼。夏天炎熱，辰時（早7－9點）飲水一次，午時（上午11－下午1點）飲水一次，至晚飲水；春秋冬月巳時（上午9－11點）飲水一次，未時（下午1－3點）飲水一次；每月二十或半月一次，將鹽水餵與馬喝。馬不許與牛拴在一處餵養。三，負責飼養種馬的農戶，必須設置馬房馬槽，地下不許用磚石墊砌，要常常打掃潔淨，不許縱放雞、鴨等家畜在馬槽馬草內作踐，亦不許人在其間梳箆頭髮，以免馬誤食了生病。等等。

至於馬的飼料，自古以來以粟、豆為主要的精飼料，統稱"秣"，即所謂"秣馬厲兵"。到了漢代，從西域隨大宛天馬引進了馬的優良草料苜蓿，使其很快在中土遍地生根開花，促進了中國養馬業和農業的發展。

中國古代的馬政

"行天莫如龍，行地莫如馬，馬者，甲兵之本，國之大用。"（《後漢書·馬援列傳》）這是東漢著名軍事家、相馬名家馬援給皇帝所上表章中的話，意在強調馬匹對於國家的重要作用。的確，中國古代很早就有了由國家設立的飼養、管理馬匹的政府機構和職官，是為馬政。

養馬史專家謝成俠《中國養馬史》開篇就說，作為家畜的一種，馬何以能傲視民食所繫的牛、狗、豬、羊，得到歷代統治者的特別青睞？為甚麼沒有牛政、犬政而獨有馬政？原因其實是明白的：馬是古代戰爭和交通的利器，也是統治者的貼身坐騎和玩物，是他們造千秋功業和日常生活中都不可須臾或缺的一部分。所以，歷代行使管理馬匹職權的馬政就顯得特別重要。

　　早在西周時，官方就依據體質的高下，毛色的不同，將馬匹分為六種不同的類別，嚴格規定了不同的使用範圍，即所謂“辨六馬之屬”。其中，一是繁殖用的“種馬”；二是軍事用的“戎馬”；三是毛色整齊，供儀式祭典用的“齊馬”；四是能飛奔，供馳驛用的“道馬”；五是佃獵用的“田馬”；六是做雜役的“駑馬”。限定除周天子外，其他階層人士都不能養畜使用全部六屬之馬。如諸侯之邦，准養四種，但禁畜“種馬”和“戎馬”；在大夫之家，只准養“田馬”和“駑馬”。可見，這種限制馬匹，主要是限養“戎馬”的制度，主要是為了抑制各地諸侯軍事實力的發展。

　　秦漢時期，軍事強盛，養馬事業空前發展，馬政機構和官職基本確立，這些機構和官職基本延續了後來的整個封建社會。如設太尉，執掌兵馬大權，為最高軍事長官；設太僕卿（列九卿之一），專門負責皇室的車馬輿服，下轄“六廄”(掌管御馬的行政設置，漢稱“署”，唐稱“典廄

陝西西安秦始皇陵陪葬坑
出土二號銅車馬

署"），主管全國馬政。而身為馬政首長的太僕卿，其實就是帝王的御前馬弁和車夫。據《漢書·百官誌》，官階俸祿最高達二千石的太僕寺卿，在天子大駕出行時，就必須親自為皇帝馭馬駕車。

馬政主要掌管官督民養和官家在各地設置的養馬場。西漢文帝二年（西元前177年），晁錯頒奏《復馬令》，規定百姓養馬一匹可以免除三個人的徭役。漢代九等爵位的人才能夠免除一人的徭役，養馬一匹竟可免三人徭役，可見對養馬的重視。武帝時還鼓勵人民去北方河套以南和陝北養馬，由政府借給母馬，用於繁殖，滿三年歸還，每十匹母馬繳給官方一頭馬駒為利息。還大幅度提高母馬價格，每匹二十萬錢，以刺激百姓競畜馬匹。

漢景帝二年（西元前155年），在西北邊疆設馬苑（馬場）三十六所，地點位於今甘肅靈武、慶陽，陝西神木等地，動員各地民眾三萬人，養馬三十萬匹。"像這樣由國家大規模經營養馬，至少在西元前的世界史上是罕聞的先例。"（謝成俠《中國養馬史》"秦漢養馬史"）正是因為西漢前期這樣的養精蓄銳，使國防有了雄厚的基礎，所以到武帝時，開始了對匈奴進犯的強力反擊，進行一系列長期的對外戰爭。最大的一次是元朔六年（西元前123年），派大將軍衛青、驃騎將軍霍去病先後率兵出擊匈奴，統兵十餘萬，徵調公私馬匹十四萬，終於將侵擾中原多年的匈奴驅逐於漠北，取得民族自衛戰爭的巨大勝利。而漢軍班師入塞時，馬匹只剩下三萬匹，可見戰爭之殘酷激烈，由此也更激發了國家對馬政的重視。

漢以後的南北朝隋唐，直至宋元明清，歷代王朝無不加強馬政管理，唐代更建立了龐大的中央馬政機構，設太僕寺、駕部、尚乘局和閑廄使等專門建制，畜養了大批官員執掌馬事。前述"安史之亂"禍首之一的安祿山，因得寵於玄宗貴妃楊玉環，攬得內外閑廄都使的大權，並又兼統河東最大的養馬場樓煩監，暗地裏秣馬厲兵，反唐釀成大害。而出逃的唐朝廷，又是靠着在平涼徵集官監和私人馬群，得馬數萬匹，終於重振軍威。後回師鳳翔，又得到故舊官員及隨從的車馬相助，才奪回都城長安。

唐代牧監故址及良馬產地圖

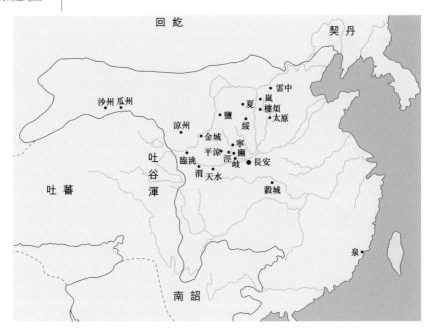

馬以興邦，馬以誤國

　　千秋功罪，誰人評說？回顧歷史，在一定意義上，說馬以興邦，馬以誤國，當不為過。這個道理說來也很簡單，一，馬是古代戰場上的重要戰鬥力，從先秦的駟馬戰車到秦漢南北朝的鐵甲騎兵，直到隋唐乃至宋元明清的輕重騎兵，都離不開勁健的戰馬，馬無疑是歷代戰爭舞台上最耀眼的主角和明星；二，馬是古代各級統治者的貼身坐騎和高級玩物，在機械制動的汽車發明之前，人們最便捷最先進的首選交通工具就是馬，良馬、駿馬，千里馬，對於歷朝歷代的統治者，無異於現代的名牌汽車克萊斯勒、凱迪拉克、賓士、寶馬、保時捷……，所謂"寶馬香車"。古人愛馬，今人愛車，能不重要乎！

弼馬溫者，天庭之要員也！

（冬霓，文物出版社編輯）

天寶荔枝道與**古代驛站系統**　　杭 侃

長安回望繡成堆，山頂千門次第開。

一騎紅塵妃子笑，無人知是荔枝來。

晚唐杜牧的這首《過華清宮絕句》，是詩人去都城長安，路過驪山華清宮時，有感於唐玄宗、楊貴妃荒淫誤國而作。華清宮曾是唐玄宗與楊貴妃紙醉金迷的遊樂之所，據史書記載，楊貴妃酷愛食荔枝，朝廷動用驛站傳送，無數匹快馬輪番飛奔，荔枝送到京師時，仍能保持鮮嫩，但因此致差官累死、驛馬倒斃於驛路。詩中截取了這一史實，抨擊了封建統治者的驕奢和昏庸。但是，詩人並沒有說荔枝自何處運來，史書也沒有確指荔枝的產地。所以，楊貴妃愛吃的荔枝產自何處，竟然成為一段歷史的公案。

楊貴妃愛吃的荔枝產自何處？

本來，唐代荔枝驛貢之地，有嶺南（約指今廣東、廣西等地）和涪州（今重慶涪陵）兩說。有趣的是，唐人多說出自嶺南，北宋中葉之後，人則多云出自涪州。兩說各執一辭，各有所據。唐宰相張九齡是嶺南人，寫有《荔枝賦序》，序中說"南海郡出荔枝焉，每至季夏，其實乃熟……味特甘滋"。南海荔枝既然"味特甘滋"，楊貴妃又酷愛荔枝，張九齡以宰相之尊，極力宣揚，玄宗必然不惜民力，詔嶺南特供。而且歷史上南海郡獻荔枝，並不始於楊貴妃，《後漢書·和帝紀》記，漢代元興元年，"舊南海獻龍眼荔枝，十里一置，五里一候，奔騰險阻，死者繼路"。杜甫《病橘詩》中寫有此事："憶昔南海使，奔騰獻荔枝，白馬死山谷，到今耆舊悲"。

但是，荔枝成熟於夏天，"每至季夏，其實乃熟"，唐《國史補》云，荔枝"經宿（隔夜）則壞"，因此運輸中保鮮成為大問題。白居易曾經任忠州（今重慶忠縣）刺史，他在《荔枝圖序》中說"荔枝生巴峽間……夏熟……如離本枝，一日而色變，二日而香變，三日而味變，四五日外色香味盡去矣"。嶺南去長安逾四千里，多或五千里，唐代傳驛，"詔書日行五百里"，已經接近馬匹速度的極限（這裏並非指一匹馬的日行里程，而是指多匹驛馬輪換奔跑之總程），如果荔枝來自數千里外的嶺南，即使驛馬日夜兼程，也無法保持其新鮮。

荔枝到長安而色香味不變，使得有學者認為是由涪州飛驛到京。況且在唐朝，涪州所產荔枝品質絕不遜於嶺南。宋朝大書法家蔡襄在《荔枝譜》中說：荔枝品質"閩中第一，蜀川次之，嶺南最下"。楊貴妃高祖為金州刺史，父為蜀州司戶，妃又早孤，唐《國史補》謂其"生於蜀，好食荔枝"，則她自幼所愛食的荔枝應該是蜀地所產。蔡襄《荔枝譜》中也直言"唐天寶，妃子尤愛嗜涪州，歲命驛致"。南宋詩人范成大曾經在四川做官，他所著《吳船錄》卷下"涪州"條中，記"自眉嘉至此，皆產荔枝。唐以涪州任貢，有妃子園"。

涪州才是荔枝驛貢之地

　　嶺南、涪州兩地距長安貢道里數差距甚大，人文地理研究者嚴耕望認為，唐朝記述楊貴妃所喜荔枝來自嶺南，也許是由於唐人怪罪於楊貴妃，所以故意指認偏遠之地，其實涪州才可能是楊貴妃所食荔枝之鄉。文獻記載從涪陵到達縣，驛馬可取西鄉縣，入子午谷至長安，三日即可到達，荔枝也能夠保鮮。因此，這是一條最為可能而合理的荔枝運輸線。就在今天，自重慶涪陵經長壽北上墊江，再至梁平，又北至開江及達縣東北之宣漢，再北至西鄉，又東北至子午嶺，仍

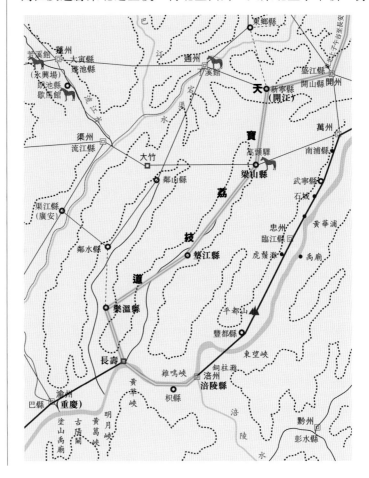

學者推測的
"天寶荔枝道" 示意圖

有一條高等級公路相聯繫。嚴耕望認為，此路應該就是循當年唐代荔枝故道而行，他因此稱之為可能的"天寶（唐玄宗年號）荔枝道"。

唐朝驛站系統發達完備

不管楊貴妃所食荔枝是從哪條路線傳送，都說明當時驛站交通體系之發達完備。作為常態的交通系統，驛站組成全國性的交通運輸網路。謝成俠在《中國養馬史》中說："古代的大陸交通，主要是靠的驛站組織，它的重要性好比今日的鐵道交通。但是驛運的發展，首先要靠養馬，亦可說是馬政建設進一步對國防經濟上的發展。"所以漢朝的馬援說"馬者，甲兵之本，國之大用。安寧則以別尊卑之序，有變則以濟遠近之難"。而蒙古人認為，一個蒙古人丟掉了馬，還能有甚麼作為呢？這些論述也都說明了馬與交通之間的關係。

中國驛傳的起源很早，在秦朝的時候，就已經初步建立起全國性的驛站系統。《前漢書·賈山傳》記秦"馳道於天下，東窮燕齊，南極吳楚，江湖之上，濱海之觀，畢至，道廣五十步。"謝成俠認為"秦始皇時代的馳道，也就是當時的驛道"。所以，驛站之驛，馳道之馳，都從馬字偏旁。其職統於太尉之下的法曹，而法曹也就是後來駕部（執掌朝廷御輦、御馬、車乘、郵驛的部門）的前身。每驛的距離，在漢代也大致確定了，如《續後漢書·輿服志》即記："驛馬三十里一置"。

雖然元代驛站很有名，但唐朝的驛站體系，在中國歷史上最為先進和發達。全國有驛站1639所之多，其中水驛260所，水陸兼備的69所。每三十里置一驛。視驛站的重要程度核定馬匹的數量，從8匹到75匹不等。每驛置驛長一人，馬每三匹有一人看管，每驛馬給地四頃。

驛站在溝通中外交通方面起到很大的作用。如唐太宗時鐵勒十一部來降，《新唐書·回紇傳》有云："請於回紇、突厥部治大塗，號參天至尊道，世為唐臣"，為了便於與這些唐臣溝通，唐太宗下詔在從今河套到外蒙古設置了68所驛站，"具群馬肉渾，待賓客"。驛站在聯繫內地交通方面發揮了重要的功能，唐人詩歌中多有吟詠。如白居易詩"從陝至東京，山低路漸平；風光四百里，車馬十三程"；韓愈詩"銜命山東撫亂師，日馳三百自嫌遲"；岑參詩"一驛過一驛，驛騎如星流；平明發咸陽，暮及隴山頭"等等。

唐長安周圍驛站示意圖

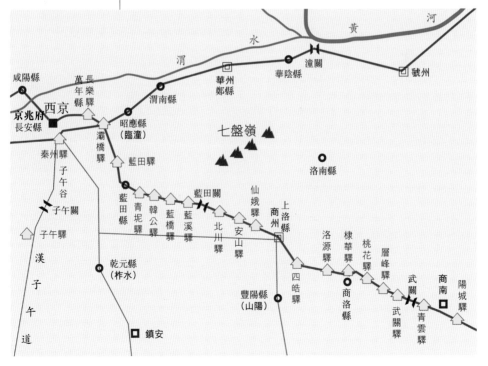

元朝的驛站系統

　　蒙古人早在元朝建立之前，就建立起驛站網路。窩闊台自詡，他自從繼承了大位之後，做了四件大事，其中包括建立了站赤。與唐代的驛站相比，元代的驛站分佈地域隨着蒙古征戰的步伐而擴展，建立起溝通歐亞大陸的龐大交通系統，聯繫的範圍更加廣大。驛站作為元朝廷聯繫各轄地的網路，對於維護其統治具有重大的作用。窩闊台即位就下令在全境構築驛站系統。《史集》記載“從契丹國到該城（指都城和林，在今外蒙古），除伯顏站以外，還設有一些站，被稱為納鄰站。每隔五程就有一站，共三十七站。在每一驛程上，置一千戶，以守衛那些站。他建立制度，讓每天有五百輛載着食物和飲料的大車從各方到達該處（和林），將其儲於倉中，以便取用。”

　　忽必烈即位之後，循用舊制，在北方創建驛站，滅掉南宋之後，也在江南普遍設立驛站，並在至元二年（1265年）頒行了《立站赤條例》，同時大修各地馳道。元朝全國總計約設驛站1500處以上，構成一個以大都（今北京）為中心，聯繫歐亞大陸的交通網。驛站的主要任務是“通達邊情，宣佈號令”，供應來往使臣的生活所需和交通工具，同時運送進納的物資。

　　金、元時期的驛站，還有一種急遞鋪的組織形式，這是為了傳達緊急文書而設置的。急遞鋪是在金章宗泰和六年（1206年）初置，要求驛馬日行三百里，但平日非軍事和河防要事不得使用。忽必烈循用了這種制度，每鋪置鋪丁（驛手）五人，鋪丁腰繫懸鈴，持槍攜雨衣齎文書疾行，沿途的車馬行人，聽到鈴聲須立即避讓，下一個站的鋪丁聽到鈴聲立即整裝待發，如此日夜相繼，規定日行四百里，比宋金時期還要快些。這是一種非常態的運送方式，只有在遇到軍國大事的時候才使用。當年唐玄宗為楊貴妃飛驛荔枝，應該是這種急遞鋪驛送形式之濫觴。

但是，元朝驛站充分發揮作用的時間有限，這是因為元朝驛站的站戶單獨列籍，世代相承，不得改易。驛傳站戶的負擔輕重不同，但普遍來說是比較沉重的，所以驛戶多有逃匿。百姓亦不敢在有驛站的大道附近居住，生怕供役。從古及今，普遍的傾向，都是希望住得離交通線近些，方便出行。元朝時，人們卻往往不敢選擇大道邊居住，這種怪現象本身，即預示驛站系統的運作存在嚴重的缺陷。當時文獻上，也有很多驛站遭受侵擾的記載。比如陝西驛道上，有西蕃喇嘛常年絡繹於途，傳舍往往不能容納，只能假館於民，騷擾百姓，搞得民不聊生，怨聲載道。甘肅行省在大德七年（1303年）勘察的結果是，"六十年前立站之時，撥戶三百四十八。即今當役者，止存一百七十六。" 隨着站戶破產流亡，驛站制度也日趨廢弛。

所以，有的學者盛讚元朝的驛站系統，而謝成俠卻認為，中國的驛站制度在唐代高度發展，可是宋代以迄清末逐漸衰頹，並引《日知錄》說 " 古人置驛之多，故行遠而馬不弊。後人（按指宋、元、明）每以節費之說，歷次裁併，至七八十里而一驛，馬倒官逃，職此之故"。

| 戰爭與交通 |

馬車是西方傳入的嗎？　　杭　侃

陝西西安秦始皇陵陪葬坑出土
二號銅車馬（安車）

陝西西安秦始皇陵陪葬坑出土
一號銅車馬（戰車，高車）

馬與交通之間發生密切聯繫的工具是馬車。

馬車曾經在古人的生活中佔有重要的地位，古代留下的習語中有許多與馬車相關的內容，如南轅北轍、駟馬難追等等。近代開埠之後，從西方引進西式的馬車。在機動交通工具問世之前，約半個世紀西式馬車是上海等租界城市主要的交通工具。現在常稱街道為"馬路"，馬路開始時是專指西方人用於跑馬而修築的新式道路，後來則泛指通行馬車的街道，由此可知馬車在近代交通中的重要作用。

關於馬車的起源，是一個涉及世界文化交流與傳播的話題。

有學者認為，車最早出現於西元前4000年代的兩河流域以及中歐與東歐，其基本形式為四輪、獨轅，車輪實心。進入西元前2000年，歐洲與西亞都出現了雙輪馬車。而中國發現明確的馴馬資料，要遲至商代晚期。考古學者將安陽殷墟遺址分為四期，目前發現最早的車子屬殷墟二期，因此，中國不論馴馬的資料還是馬車的考古材料，都晚於西方。另外，西亞及中亞地區發現的古代兩輪馬車，時間也都要比殷代的馬車早。所以中國的馬車是從西方傳入的，是古代中國吸收外來先進文化的一個實例。

商代早期已使用雙輪車

但也有學者主張，馬車是中國本土發明的，因為雖然殷墟目前發現最早的車子屬殷墟二期，但殷墟一期甲骨文裏就已經有了象形的"車"字，而一種實物的出現到該實物象形文字的產生，應該有一個較長的過程。另外，在早於殷墟的鄭州商城和偃師商城中，已經發現有商代早期車馬的遺跡。如1996年在河南偃師商城東北隅，考古人員發現了城內兩道與城牆並行的車轍印痕，顯示車之軌距為1.2米。有轍必有車，這一遺跡的發現表明，商代早期已有兩輪車。同時，鄭州、偃師商代早期遺址中陸續發現的車陶範、車轍、銅泡等遺跡遺物，顯然更與車、馬有關。這就傳遞出一條重要的歷史資訊：商代早期已經使用了雙輪車，而且很可能已有了馬拉的車。

車是借輪、軸之轉動功能，牲畜（或人）之曳力，以代人力，用以負重致遠。中國先秦文獻中有許多馬車發明者的記載，《易·繫辭》曰"黃帝作車"；《墨子》、《荀子》、《呂氏春秋》皆云"奚仲作車"。《左傳》稱奚仲還做過夏王朝的車正。《管子·形勢解》中對奚仲所作的車敍述甚詳，這些文獻應該不是空穴來風。而且在先秦文獻中凡提到車子時，往往都和馬聯繫在一起，因此，中國的馬車應有自己獨立的起源。

中國馬車的特點

　　兩說各有依據，但中國的馬車自有考古資料開始，就可以看出有自身的特點。包括：

　　置於車軸中間干欄式的車輿。

　　多輻條的車輪：中國商周時期車輪上的輻條遠較西方車輪上多。

　　軛式繫駕：用以駕雙馬的軛套在馬的肩部，這一部分也是馬負重的最佳着力點，軛與帶加上連繫馬絡頭的韁繩，既將馬與車子緊密地聯繫在一起，又給馬以行走的寬鬆條件，利於馬拖曳和奔跑。這與地中海地區的早期馬車的"頸帶式繫駕法"（駕車之馬用頸帶繫在軛上，軛車衡，衡連軸，馬通過頸帶負衡拽軸而前）有相當的區別，其功能顯然優於後者。

　　商代的車子都是採用兩馬架轅的獨轅車，車輪的輻條在十八根左右（地中海沿岸的車輪普遍少於十根），車廂平面為長方形，面積較小，通常可以站立兩三人。這種獨轅車在其後的一千多年間雖然有所改進，比如改直轅為曲轅，直衡為曲衡，輻條進一步增多，

單轅車

雙轅車
貴州興義東漢墓出土銅車馬
總長112厘米

裝車蓋，四馬甚至六馬駕車等等，但總體結構沒有突破商代獨轅車的框架。西周到春秋戰國時期是獨轅車的鼎盛時期，從出土車輛上的金屬構件，可以想見當時車輛的奢華。這樣的車輛製造，要經過幾十道工序才能完成。

《周禮·考工記》記錄了製造車輛的"車人"的詳細分工，一車之成，凝聚了木工、金工、皮革工和漆工等許多匠人的才智，所以說"一器而工聚焉者，車為多"。這樣的車輛，是很適合用來顯示身份的。漢代的制度還規定：商人"不得乘馬車"。所以大小貴族死後，都是隨葬車馬，而不隨葬牛車。漢初，由於馬匹奇缺，所以即使貴為皇帝，也找不到統一顏色的數匹馬匹駕車，而"將相或乘牛車"被《漢書》當成了一件相當奇怪的事情記載下來，就是因為當時的社會崇尚馬車，以馬車明尊卑。

先秦時期，馬車分為兩種類型，即立乘用的戰車，和坐乘用的安車。秦始皇陵西側的車馬坑中出土了兩輛彩繪銅車，其中一輛上標有"安車第一"四個字，使我們第一次了解到安車的車制。與另一輛立乘的戰車（高車）相比，兩者最大的區別在於車輿。

先秦時期曾經流行車戰，國力經常以"千乘之國"、"萬乘之君"來衡量。隨着兼併戰爭的擴大，戰爭已經由"逐鹿中原"擴大到北方山地和南方水網地帶，原來適應"平原易地"作戰的戰車無法發揮其特長，所以"毀車以為行"的事情時常發生，其後馬車便主要用作交通工具了。

49

烏拉爾山

7

阿爾卑斯山

10

5

6

黑海

9

1 2

4

地中海

高加索山

8 甲騎具裝戰例

重甲騎兵最早出現在三國時，
開始初步使用馬鎧。官渡之戰
（199年）中，袁紹已擁有馬
鎧300具；曹操與馬超大戰於
潼關時，"精光耀日"的鐵騎
5000更在戰場揚威。

9 最早的馬鐙

南北朝騎兵大發展的一個重要因素，
是馬鐙的發明和使用。考古發掘顯示
最早的馬鐙，是在湖南長沙一座西晉
墓（302年）出土的陶塑馬上。而真正
的實用長馬鐙，出土自遼寧北燕馮素
弗墓（415年）。

| 100 年 | 200 年 | 300 | 400 年 | 500 年 |

歐洲等地區古代騎兵和騎兵參與的重要戰爭

❶ 馬其頓騎兵

西元前4世紀，希臘的馬其頓王菲力普和亞歷山大父子創立了著名的馬其頓方陣。騎兵也在方陣中發揮了重要作用。馬其頓方陣是自成體系的多兵種作戰部隊，除了重甲步兵外，還包括輕裝持盾兵，輔助兵和騎兵團，即為聯合方陣。

❷ 馬其頓騎兵的裝備和戰術

這支騎兵由披戴頭盔、胸甲、護脛和手持長矛的重裝騎兵手組成。他們在攻擊時通常排成密集隊形、長方形縱隊或楔形縱隊，有時也排成橫隊。總是趁步兵力量最弱的時機，即由一種戰術隊形變換為另一種戰術隊形時，突然發起對步兵的攻擊而令其措手不及。

❸ 波斯騎兵

在與亞歷山大大帝作過戰的波斯騎兵中，有一大部分或多或少地受到過密隊形正規作戰的訓練。他們的基本武器是一柄直劍和一桿長矛，作戰時重型騎兵保持防禦隊形：緊緊地靠在一起相互保護，並小跑着前進，以免超過馬匹所能承受的限度。

❹ 阿爾貝雷會戰

發生在西元前331年的這場戰爭，是馬其頓騎兵戰勝波斯騎兵最出色的一次會戰。當時亞歷山大親自率領馬其頓騎兵部隊作戰，採取迂迴兩翼，中間穿插以遠距離追擊等戰術，最終贏得勝利。從此，亞歷山大被認為是歷史上最優秀的騎兵指揮官之一。

❺ 羅馬軍團

西元前3世紀，羅馬軍團是以軍團為作戰單位，每個軍團由10個大隊組成，約有500－5000士兵，其中包括300名騎兵。當時的士兵是從公民中動員來的，當兵是盡義務，武器也是士兵自備。騎兵是來自最富裕的貴族階層。

❻ 坎尼之戰

西元前218年，北非古國迦太基名將漢尼拔率領軍隊翻越阿爾卑斯山脈，攻入意大利。他使用著名的新月形戰術，讓騎兵迂迴抄，把羅馬人團團包圍，最後贏得整個會戰勝利。參戰的6000名正規騎兵，死傷不到200人。這就是歷史上著名的"坎尼之戰"。

❼ 諾曼騎兵

西元8－11世紀，來自北歐的諾曼騎兵被公認為是最強大的，歐洲沒有哪支步兵是他們的對手。這與諾曼騎兵裝備和軍事技術上的革新有關：馬鞍用木頭製成，並且加高了前橋，使用馬鐙，藉着戰馬的速度和重量來衝擊敵人。

❽ 赫斯廷斯之戰

1066年，英國小鎮赫斯廷斯附近的一場戰鬥中，騎兵成了戰場霸主，顯示了不容質疑的戰場優勢。這年年初，英王愛德華去世，法國諾曼底公爵威廉藉口愛德華生前曾許其繼承英國王位，遂糾集諾曼底貴族和法國各地騎士和重裝騎兵、步兵數千人，在羅馬教皇的支持下，率軍渡過海峽入侵英國。最終使威廉登上了英格蘭的王位。

❾ 拜占庭重騎兵

西元10世紀，拜占庭重騎兵是當時身價最高的僱傭兵，擁有最好的裝備和最高的作戰技巧。他們使用的長矛在4米左右，佩劍的刃長90公分上下；馬鞍旁懸掛的革囊可以放上幾支標槍。拜占庭重騎兵穿着多層鎧甲，最裏面的鎖子甲，中間是鱗甲，再外層用薄鐵片穿編成板塊裝甲。

❿ 當歐洲騎兵遭遇亞洲騎兵

西元12－13世紀的十字軍東征期間，當西方的"重裝"騎兵將戰場轉移到東方的國土上時，便開始打敗仗，無論他們自己還是他們的馬匹，都忍受不了東方的氣候、長途行軍和合適糧秣的不足。最後，亞洲人擊潰了疲憊的歐洲鐵甲騎士。

⓫ 中世紀的東西方騎兵

騎兵在整個中世紀一直是各國軍隊中的主要兵種，在東方各國，經常起主要作用的是非正規的輕騎兵；在西歐各國，決定每次會戰勝負的兵種正是由騎士組成的正規重騎兵。

⓬ 英法百年戰爭中的騎兵

14－15世紀，歐洲經歷了長達百年的英法戰爭。戰爭結束後，雖然法國仍然保留了大量的重騎兵傳統，但步兵能夠戰勝騎兵的意識已經被全面普及，並影響和促進了此後15－16世紀步兵地位的進一步提高。

⓭ 龍騎兵

16世紀末，先是在法國，隨後在歐洲其他各國，建立了一種步騎兩用兵──龍騎兵。龍騎兵配備火槍，根據戰場情況有時作為步兵，有時作為騎兵作戰。龍騎兵最重要的特徵，在於它是最早出現的一種完全不披戴護身器具的正規騎兵。

❺ 白登之戰

西元前200年，漢高祖劉邦親率32萬大軍北上反擊韓王信叛亂，冒險進入匈奴40萬騎兵的包圍圈，在白登山被圍七天七夜。最後定屈辱的城下之盟，劉邦才得以僥幸逃生。

❸ 長平之戰

戰國後期的西元前262年，秦國在長平圍攻趙國重兵的大規模殲滅戰。秦軍全勝。

❻ 漢武帝騎兵的漠北之戰

西元前119年，漢武帝發動漠北之戰，兵鋒直達貝加爾湖畔。

❶ 趙武陵王"胡服騎射"

西元前4世紀末，趙武靈王帶領邊民改穿胡服，操練騎射，組建了獨立的騎兵部隊。史稱"胡服騎射"。

前 400 年	前 300 年	前 200 年	前 100 年	西元元年

❶ 馬其頓騎兵

西元前4世紀，希臘的馬其頓王創立了著名的馬其方…

❹ 阿爾貝雷會戰

西元前331年的這場戰爭，是馬其頓騎兵戰勝波斯騎兵最出色的一次會戰。

❺ 羅馬軍團

西元前3世紀，羅馬軍團是以軍團為作戰單位。

❻ 特拉比亞河之戰和坎尼之戰

西元前218年

❸ 波斯騎兵

波斯騎兵的基本武器是一柄直劍和一桿長矛，作戰時重型騎兵保持防禦隊形：緊緊地靠在一起相互保護，並小跑着前進，以免超過馬匹所能承受的限度。

馬車是身份的象徵

從西漢開始，雙轅車逐漸盛行，改變了獨轅車至少要兩匹馬才能夠拉車的局限，使單馬拉車成為可能，從而使馬車由駟馬高車進入到單馬輕車的新階段。這種改變，很可能是在漢初馬匹緊缺的情況下被迫實行的改進措施。

在漢代，"貴者乘車，賤者徒行"。出門坐車，坐甚麼樣的車，理所當然地成為身份尊卑的標誌和象徵。漢景帝中元六年（西元前144年），始創了一套嚴格的車輿制度，雙轅馬車因用途和乘坐者的地位不同，細分出很多種類。另外，除了主人乘坐的主車之外，主人出行時還有類似現在的警衛車隊相隨，導從車的數量和騎吏的數量各不相同。乘堅策肥，前呼後擁，成為權貴們顯示地位身份的標誌，所以，車馬出行圖才能成為漢畫像石上反復表現的題材和內容。

不過，乘坐馬車禮儀繁縟，有許多"乘車之容"、"立車之容"的條文規定，提醒乘坐者時刻保持君子風度，而不能隨心所欲。因此，魏晉以後，高大寬敞、行走平穩的牛車逐漸流行起來，這是後話。

（杭侃，北京大學考古文博學院教授）

50

天馬的誘惑　　　杭　侃

天馬來兮從西極，經萬里兮歸有德。

乘靈威兮降外國，涉流沙兮四夷服。

這是漢武帝得到中亞著名的汗血寶馬大宛馬之後親自做的讚歌，數十匹馬能讓龍顏大悦成這樣，可見漢家皇帝對這些寶馬的渴望。

55

渴求良馬

漢代朝廷上下重視外來馬種是有深刻的原因的，這個原因就是漢朝初期對匈奴作戰的失敗。造成失敗的原因是多方面的，但是，在遊牧民族與農耕民族之間的角力中，騎馬的遊牧民族的速度優勢是顯而易見的。趙武靈王胡服騎射，就是要克服這種機動性方面的劣勢。騎馬馳騁，可以使人獲得空前未有的高速度，對定居的農耕社會構成威脅。所以，世界性的民族大遷徙，基本上都是由遊牧民族引發的。這種民族大遷徙，波及整個歐亞大陸，甚至波及島國日本。日本學者江上波夫就説："日本國家的建立，就是騎馬民族征服王朝"。

漢朝初年漢匈之間軍事對比中，漢朝騎兵所處的不利局面，當時人有清醒的認識。漢初由於長期戰爭，造成"馬死

中國古代騎兵和騎兵參與的戰爭

1 趙武靈王 "胡服騎射"

西元前4世紀末，趙國（都城今河北邯鄲）國君武靈王為了抵禦來自北方胡人的進犯，帶領邊民改穿胡人騎手的窄袖上衣和加襠褲子（胡服）；同時操練他們在馬匹奔馳時射箭（騎射），組建了獨立的騎兵部隊。這是一次重大的軍事改革，史稱趙武靈王"胡服騎射"。

2 戰國騎兵

戰國時期（西元前5－3世紀），七雄中的各大國都建立了規模相當可觀的騎兵，他們與步兵和戰車一樣，成為各國的主力兵種之一。當時的騎兵，是作為快速機動部隊而與戰車配合使用的。

3 長平之戰

戰國後期的西元前262年，秦國在長平（今山西高平）圍攻趙國重兵的大規模殲滅戰。秦軍統帥白起，利用趙軍統帥趙括只善於紙上談兵，缺乏實戰經驗及驕傲輕敵等弱點，以騎兵和步兵配合作戰，最後全勝。

4 秦漢騎兵

西元前3世紀到西元初年的秦漢之際，中國古代騎兵完成了驅戰略軍兵種的轉移，成為軍中的第一主力兵種。騎兵的裝具大大改進，秦代騎兵已經配有齊全的鞍、韉（襯托馬鞍的墊子），所用武器主要是弓箭、矛、戟類長兵器和劍等短兵器；漢代的騎兵更增加了環首直刀，可以用作馬上劈斬，增加了騎手的格殺能力。

5 白登之戰

漢高祖七年（前200年），韓王信在大同地區叛亂，並勾結匈奴企圖攻打太原，迫使高祖劉邦親率32萬大軍北上反擊，冒險進入匈奴40萬騎兵的包圍圈，在白登山（今大同附近馬鋪山）被圍七天七夜。最後定屈辱的城下之盟，劉邦才得以僥倖逃生。

6 漢武帝騎兵的漠北之戰

西元前狩四年（前119年），漢武帝為殲滅匈奴主力發動漠北之戰，這次戰役以大將衛青和霍去病各率領騎兵5萬，步兵及後勤支援部隊數10萬，分兵兩路北進。衛青出定襄，深入敵境1000餘里，擊潰匈奴主力，斬殺2萬餘人；霍去病出代郡，北進2000餘里，殲滅敵精騎7萬餘人，兵鋒直達貝加爾湖畔。

7 南北朝重裝甲騎兵（甲騎具裝）

西元3－5世紀，中國歷史上的三國兩晉南北朝時期。特別是十六國北朝時，騎兵成為各國軍隊的主力，出現了騎手和戰馬都披掛鎧甲的重裝甲騎兵。馬鎧被稱為"具裝"或"具裝鎧"（一般用鐵或皮革制作），戰馬除了耳、目、口、鼻和四肢、尾巴外露之外，全身都有鎧甲保護。人和馬都戴鎧甲的騎兵便被稱作"甲騎具裝"。

8 甲騎具裝戰例

重甲騎兵最早出現在三國時，開始初步使用馬鎧。官渡之戰（199年）中，袁紹已擁有馬鎧300具；曹操與馬超大戰於潼關時，"精光耀日"的鐵騎5000在戰場揚威。十六國北朝以後，馬鎧更大量裝備於騎兵部隊，鐵騎動輒成千上萬，甚至數萬用於戰場。

9 最早的馬鐙

南北朝騎兵大發展的一個重要因素，是馬鐙的發明和使用。考古發掘顯示最早的馬鐙，是在湖南長沙一座西晉墓（永寧二年，302年）出土的陶塑馬上，被認為是僅供騎手上馬時踏足的。而真正的實用長馬鐙，是出土自著名的遼寧北燕馮素弗墓（415年）中。

10 唐代輕騎兵（昭陵六駿）

重甲騎兵因人、馬的負擔太重，影響了騎兵特有的快速突擊和機動作戰能力。到隋唐時期（西元7世紀以後），人馬都不披鎧甲的輕騎兵興盛起來，最形象的例子是唐太宗李世民征戰時騎乘的六匹著名戰馬，即"昭陵六駿"，就都沒有使用馬甲。

11 蒙古騎兵

西元13世紀，從北方草原崛起的蒙古軍隊全部由輕騎兵組成，騎手們的武器是輕便的環刀、長短槍和弓箭。他們通常每人配備三四匹馬，輪換騎乘，一天可行軍100公里，還能攜帶輜重物資。這使得他們的戰時衝擊力和長途奔襲的快速機動能力遠遠超過其他軍隊。

12 成吉思汗騎兵征服中亞

西元1219－1225年，早已完成對蒙古各部統一大業的成吉思汗，親自率領20萬大軍踏上遠征的西征之路，在長達7年的時間裏，蒙古鐵騎幾乎踏遍整個中亞大地，前鋒曾達印度、伊朗北部和東歐。

11 蒙古騎兵

西元13世紀。從北方草原崛起的蒙古軍隊全部由輕騎兵組成，騎手們的武器也是輕便的環刀、長短槍和弓箭。戰時衝擊力和長途奔襲的快速機動能力遠遠超其他軍隊。

12 成吉思汗騎兵征服中亞

西元1219－1225年，成吉思汗親率20萬大軍踏上西征之路，在長達7年的時間裏，蒙古鐵騎幾乎踏遍整個中亞大地，前鋒曾達印度、伊朗北部和東歐。

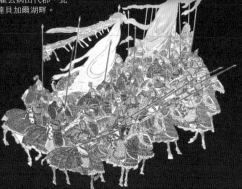

1200 年	1300 年	1400 年	1500 年	1600 年

10 當歐洲騎兵遭遇亞洲騎兵

西元12－13世紀的十字軍東征期間，西方的"重裝"騎兵忍受不了東方的氣候，長途行軍和合適糧秣的不足。最後，亞洲人擊潰了疲憊的歐洲鐵甲騎士。

11 中世紀的東西方騎兵

中世紀，在東方各國，非正規的輕騎兵起主要作用；在西歐各國，決定會戰勝負的是正規重騎兵。

12 英法百年戰爭中的騎兵

14－15世紀，歐洲經歷了長達百年的英法戰爭。戰爭結束後，步兵能夠戰勝騎兵的意識已經被全面普及。

13 龍騎兵

16世紀末，先是在法國，隨後在歐洲其他各國，建立了一種步騎兩用兵——龍騎兵。

……戰鬥中，……場優勢。

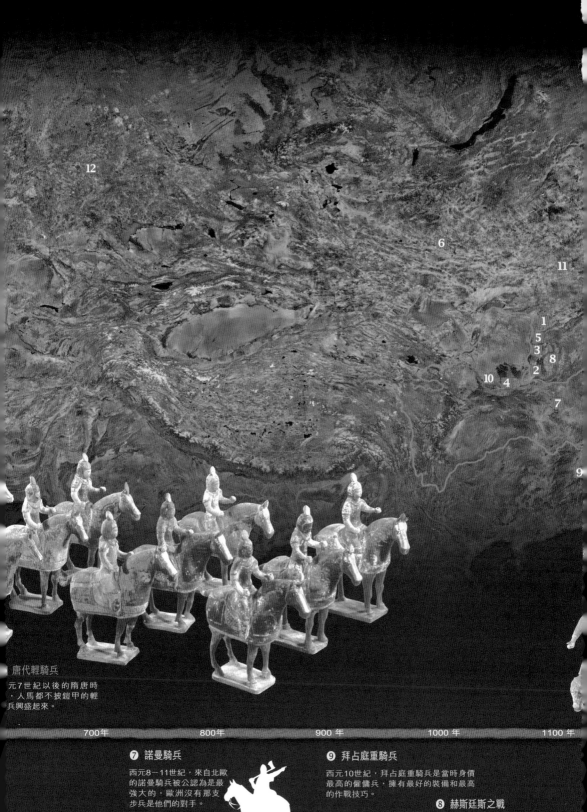

12

6

11

1
5
3 8
2
10 4
7

9

唐代輕騎兵

元7世紀以後的隋唐時
，人馬都不披鎧甲的輕
兵興盛起來。

700 年   800 年   900 年   1000 年   1100 年

❼ 諾曼騎兵

西元8－11紀，來自北歐
的諾曼騎兵被公認為是最
強大的，歐洲沒有那支
步兵是他們的對手。

❾ 拜占庭重騎兵

西元10世紀，拜占庭重騎兵是當時身價
最高的僱傭兵，擁有最好的裝備和最高
的作戰技巧。

❽ 赫斯廷斯之戰

1066年，英國小鎮赫斯廷斯附近的一場
騎兵成了戰場霸主，顯示了不容質疑的戰

略盡"的窘境，並且因為"馭馬少而久不伐胡"。缺乏馬匹，甚至使"自天子不能具醇駟（同一毛色的四匹馬），而將相或乘牛車"，漢朝也因此無法與匈奴對抗。

為了解決馬匹奇缺的狀況，只有大力發展養馬業，快速增加馬匹的數量。政府曾經下令在全國悉養母馬，母馬受到特別的保護，以利於馬匹繁殖，"天下馬少，平牡馬匹二十萬"，"乃令天下諸亭養母馬，欲令其繁孳"。

漢代西域及邊郡產馬地圖

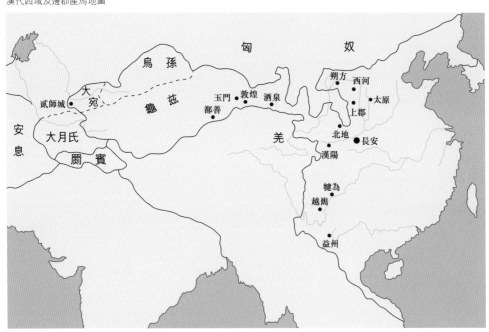

天馬半漢

即使有了馬，匈奴之馬還是遠勝於中原之馬，漢文帝時的名臣晁錯在論及漢朝與匈奴的軍事差別時說：匈奴人的馬"上下山阪，出入溪澗，中原之馬弗如也；險道傾仄，且馳且射，中國之騎弗如也；風雨疲勞，飢渴不困，中國之人弗及也"。《鹽鐵論·備胡篇》也說："匈奴之地廣大，而戎馬之足輕利。"於是，獲取寶馬並改良中原馬種，就成了中原人夢寐以求的事情。

為了獲取名馬，漢武帝曾經選宗室女出嫁今天新疆伊犁一帶的烏孫，將烏孫馬命名為"天馬"。今天伊犁馬的祖先就是烏孫馬。後來漢武帝又得知大宛（今中亞費爾干那一帶）有神奇的汗血寶馬，比烏孫馬更加優越，在遣使索求而不得之後，不惜動用武力，兩次派將軍李廣利出兵大宛，隨行的隊伍中專門配了兩名"善相馬者"。他倆從大宛挑選"善馬數十匹，中馬以下牡牝三千餘匹。"

漢武帝得到大宛馬之後十分高興，為大宛馬建造豪華的廄舍，並舉行了盛大的儀式，"更名烏孫馬曰'西極'，名大宛馬曰'天馬'"。古人對大宛馬有許多神奇的描述，認為大宛馬是"天馬種"或"天馬子"，並因為這種馬日行千里之後，"蹢石汗血，血從前膊出"，更增加了神奇色彩。學術界普遍認為，西域馬種的引進，使中原馬的品質大為提高，"既雜胡馬，馬乃益壯。"張衡《東京賦》中所說的"天馬半漢"，在漢畫像石、漢畫像磚常出現"天馬行空圖"，反映的都是這一狀況。

57

厲兵秣馬

但是從根本上說，農耕民族是在自己的期盼中營造了一個天馬的神話。漢朝的馬種從大的方面來說，主要有產於甘肅、青海、四川毗鄰地區的河曲馬（秦馬的主要來源）、青藏高原東北部的浩門馬（這種馬以善走"對側步"著稱，即馬同側前後兩蹄同時向前，或同時向後，這種步可使騎手減輕顛簸之苦）、蒙古馬、東北馬、來自朝鮮一帶的果下馬（因

為 "馬高三尺,乘之可於果樹下行" 而得名)、西南山地馬
(後來川藏地區的茶馬古道上使用的主要就是這種馬)、西
域馬和野馬。這些馬有的適合沙漠氣候,有的適應於草原馳
騁,有的則適宜在山區的崎嶇道路上攀登,這些馬種是物競
天擇的結果,並非有一種絕對好的 "天馬",不然我們就很
難解釋為甚麼蒙古人能騎着在漢人看來 "千百成群" 卻 "不
中相法" 的蒙古馬,橫掃歐亞大陸。

其次,利用引進馬種改良原有馬種,可以提高原來的馬
的性能。但是,對於漢民族來說,這種提高只是暫時的。

漢武帝時之所以能夠以改良的馬種與匈奴的蒙古馬種抗
衡,其原因不是簡單的馬種雜交之後的優化問題。《史記·
大宛列傳》記載大宛馬 "嗜 (喜食) 苜蓿,漢使取其實 (苜
蓿種子) 來。於是天子始種苜蓿、蒲萄 (於) 肥饒地。及天
馬多,外國使來眾,則離宮別觀旁盡種蒲萄、苜蓿極望。"
優質牧草苜蓿的引種和推廣,對於繁育良種馬,增
強牲畜的體質和挽力發揮過重要作用。

在引進種馬的同時,隨着疆域的擴大,漢朝養
馬儘量採取放養的方式。放養的馬匹奔跑速度快,
上膘快,易馴服,對於提高馬匹的品質有很大的幫
助。

另外,中原以穀餵馬有悠久歷史,但這種飼
養方式有利有弊。以穀餵馬稱秣馬,漢朝對匈奴作
戰,為使戰馬能忍耐飢寒,長途奔襲,所以出兵之
前往往要秣馬。《東觀漢記》記載漢宣帝時:"五
將出征,其奏言,匈奴候騎得漢馬屎,見其中有
粟,即知漢兵出,以故引去。" 這就是所謂的厲兵
秣馬。這種做法有利的一面是戰馬可以不受季節

優質牧草苜蓿對繁育良種馬非
常重要

影響，在任何需要的時候都能夠有足夠的體力和戰鬥力，以對敵方發起進攻。而匈奴戰馬則要等到秋高馬肥之時才能遠襲。

不利的一面也是很明顯的。中原地區的飼養方法使這些馬的優點很快喪失。晉．張華《博物志》裏面就已經説"馬食穀則足重不能行"。馬吃了糧食，又因為從放養變圈養，從騎乘改拉車，速度和耐力大大降低。由於中原與西域生活環境懸殊，飼養方式也不相同，即使引進了好的馬種，時間長了也會發生退化，嚴重影響其遺傳作用的發揮，這一點宋人已經看得很清楚。宋人在比較草原和內地牧馬法後説："戎人畜牧轉徙，旋逐水草，騰騎遊牧，順其生性，由是浸以蕃滋。暨乎市易之馬於中國，則縶之維之，飼以枯槁，離析牡牝，制其生性……因而減耗。"

最終還有人畜爭地的問題，這是在人口日益增加的中原地區無法解決的矛盾。秣馬要消費大量糧食，根據居延漢簡資料分析，每匹官馬每天須配給二斗穀物，一匹馬一個月吃的糧食，能夠養活一個士兵一年。因此，"天馬半漢"對於漢人來說，也只能是個美好的神話。

（杭侃，北京大學考古文博學院教授）

| 追求千里馬 |

伯樂相的是甚麼馬？

相馬、《相馬經》與相馬法式　　杭 侃

湖南長沙馬王堆漢墓出土帛書
《相馬經》局部

"世有伯樂，然後有千里馬。千里馬常有，而伯樂不常有。"今天很多人是通過韓愈的散文，才知道伯樂相馬的故事的。在古代，相馬卻是廣為人知的技藝，這就像"三代以上，人人皆知天文"一樣，那時的馬作為"六畜之首"，"上與國家建功立業而決戰，下與士庶任重致遠以騎乘"，和日常生活的關係太密切了。我們的祖先長期馴化和選育良馬，很早就總結出一套憑藉眼力和經驗，從外觀上鑒別馬匹優劣的本領——相馬術，並寫成專門的著述——《相馬經》。

比較確切的考古材料顯示，家馬在中原地區出現是在商代晚期，從那個時期開始，就有了相馬的技術。甲骨文中出現了一些與馬相關的文字。成書於東漢的《說文解字》，這本中國第一部字典，搜集了一百二十多個有關馬的各種派生字。這些文字根據馬的齒齡、性別、毛色、鬃尾、四肢、脾性等多方面的共性和個性特徵，藉助於中國文字的造字原則，用不同的漢字加以概括。如果不是對馬的個體特徵有深入了解，是不可能作這麼細緻的區分的，這些了解的過程，本身就已經具有"相馬"的成分，只不過那時的相馬人沒有能夠留下姓名而已。

伯樂是歷史上第一個因善於相馬而出名的人，他是秦穆公時代的人。伯樂出現在春秋中期的秦國不是偶然的。在春秋爭霸的戰爭中，秦穆公"益國十二，開地千里，遂霸西戎"。秦國直接統治的地域，西界達到今甘肅中部甚至更遠的地方，當地人善畜牧，多養馬。《史記·秦本紀》記載秦部族的先祖非子就"好馬及畜，善養息之……馬大蕃息"。穆公派出護送晉國公子重耳的軍隊中就有"疇騎二千"，可見秦官府馬匹之多。伯樂出現在這樣的時代和環境，也就毫不奇怪了。

戰國時期，秦國的戰馬最強。"秦馬之良，戎兵之眾，探前趹後，蹄間三尋者不可勝數"（《史記·張儀列傳》）。有人研究秦始皇兵馬俑坑出土的陶馬，認為秦馬主要是產於甘肅、青海相毗鄰的黃河彎曲處的河曲馬，這種馬形體高大粗壯，後肢發育良好，能持久耐勞，但奔跑速度不快，主要是挽用馬。然而在盛行車戰的時代，這種馬可以增強"虎狼之師"秦國軍隊的作戰能力。

伯樂著《相馬經》

　　伯樂所著《相馬經》原貌已經不可知。長沙馬王堆三號漢墓出土與相馬有關的帛書，其中可能保留了一部分《相馬經》的內容。帛書《相馬經》共有七十七行，五千二百字，包括經、傳、詁訓三部分，並不是伯樂《相馬經》的原本。但其第一篇就提到"伯樂所相，君子之馬"，並且多次使用相馬"法曰"和"吾請言其解"的措辭，說明帛書《相馬經》和伯樂《相馬經》還是有傳承關係的。帛書《相馬經》的內容側重從頭部和眼睛相馬，它把相馬法的要領概括為"得兔與狐，鳥與魚，得此四物，毋相其餘"，認為良馬需要具備眼大有神的特點。

司牧安驥集相良馬圖

古代的相馬術分為許多家，各家自成傳統，自有師承。《呂氏春秋·觀表》篇説，"古之相馬者，韓風相口齒，麻朝相頰，子女厲相目，衛忌相髭……秦牙相前，贊君相後。凡此十人，皆天下之良工也"，這麼多名目的相法，今人不好理解，在古人眼裏，卻殊途同歸，《淮南子·齊俗訓》就認為伯樂、韓風、秦牙、管青雖"所相各異，其知馬一也"。

相馬法的發展

兩漢時期，養馬業大盛。漢唐號稱盛世，王夫之認為原因離不開畜牧業的發展，他説"漢唐之所以能張者，皆唯畜牧之盛也"。漢人自己對馬的看法是"馬者，兵甲之本，國之大用，安寧則以別尊卑之序，有變則濟遠近之難。"所以，漢朝政府極力倡導發展養馬業，同時還不惜動用武力，引進外來"天馬"，以期改良中原原有馬種。順應這種形勢，兩漢也出現了許多"以相馬立名天下"的相馬名家。

兩漢時期的相馬不再像先秦那樣流派眾多，而是趨向一致，曾經鑄造出作為公認標準的"相馬法式"。西漢的相馬

遼代草原上的三種主要馬種：
果下馬（左上）、西域、中亞
馬（右）、古代蒙古馬（中）

名家東門京曾經"鑄作銅馬法式獻之，有詔立馬於魯班門，則更名魯班門曰金馬門"。東漢名將馬援出身於相馬世家，曾經在邊郡畜牧，"轉遊隴漢間"，"至有牛馬羊數千頭"。他親自經營養馬業，積累了豐富的選育良種馬匹的經驗。他將遠征交趾時所得的銅鼓熔化後，鑄造了一匹高三尺五寸的銅馬。他並寫了《銅馬相法》，對馬的頭部和眉骨四肢都有具體的要求。馬援鑄造的銅馬後來經皇帝下詔置於宣德殿下，作為天下鑒別名馬的標準。學者比較了漢朝前期和後期出土的馬匹形象後，認為漢代後期的馬匹都有明顯的"天馬"特徵，說明這種"相馬法式"至少影響了馬的藝術創作。

北魏時期，遊牧民族拓跋氏入主中原，養馬業發展到一個新的階段。這時蒙古馬大量引入中原，相馬術也進一步發展。北魏賈思勰的《齊民要術》整理彙編了系統的相馬、養馬和醫馬技術，《齊民要術》重視對馬作整體觀察，也對馬的頭部、腰脊、腹脇、四肢、後臀和尾巴，以及耳、鼻、口、唇、齒等感覺器官，有形象而精闢的論述，比如說到鼻子，"鼻欲得廣而方"，因為"鼻大則肺大，肺大則能奔"。

《齊民要術》的相馬部分，是在前人的基礎上發展的，但不是古本的相馬經。《齊民要術》中相馬經驗的改進有其必然。時代在發展，所相馬匹的種類也不相同，所以相馬的要求也不盡相同，即使伯樂的《相馬經》在漢朝和北魏可以看到，相信漢朝和北魏的人也無法"按圖索驥"，翻着伯樂的《相馬經》找到當時的千里馬。

（杭侃，北京大學考古文博學院文化遺產系主任）

馬在先秦社會
教育和禮制中的作用　　　郭燦江

　　馬在先秦時曾號稱"六畜之首"，是軍事、交通的主要動力。中國古人何時與馬結緣？這個問題目前還說不太清楚。但考古資料證明，山東龍山文化的城子崖遺址（山東章丘龍山鎮）出土的動物遺跡就有大量馬骨，說明那時中國人的生活中已經有馬，城子崖遺址相當於歷史紀年的夏代（約西元前21－前16世紀）。古文獻《尚書·五子之歌》有"懍乎若朽索之御六馬"的句子，也是夏朝已經役使馬匹的證明。

　　大量資料表明，早期中國人雖然也用馬，但和世界其他地方不同，中國人不是用來騎乘，而是用於拉車。武王伐紂的時候（西元前11世紀）就有車三百乘了。不像印歐人，馬和騎兵相連而生。中國人要到戰國趙武靈王胡服騎射（西元前4世紀後半），才向遊牧民族學會建立騎兵。西周時養馬業相當發達。《詩經》中描寫養馬、牧馬及駕御馬車的詩句也很多。《周禮·夏官》也有"校人"掌國馬之政，"辨六馬之屬"。這六種馬是指：

　　一、繁殖用的"種馬"；

　　二、軍用的"戎馬"；

　　三、毛色整齊供儀仗用的"齊馬"；

　　四、善於奔跑驛用的"道馬"；

　　五、佃獵所需的"田馬"；

六、只供雜役用的“駑馬”。

可見西周時期養馬業發達的程度。春秋戰國時期盛行車戰和騎兵，馬成為軍事上的主要動力，特別受重視，此時馬已成為“六畜”之首，並與教育、國力及禮制緊密相連。

馬與教育

西周時期馬的使用不僅更為廣泛，駕御車馬的技術也成為貴族子弟必學的課程。據《周禮·地官·保氏》記載：“保代掌諫王惡，而養國子以道。乃教之六藝：一曰五禮，二曰六樂，三曰五射，四曰五御，五曰六書，六曰九數。”這裏所指的“六藝”就是我們常說的禮、樂、射、御、書、數。其具體內容是：

“禮”包含政治、道德、行為習慣等內容；

“樂”包含音樂、舞蹈、詩歌等內容；

“射”是射箭技術的訓練；

“御”是駕御戰車技術的培養；

“書”是識字教育；

“數”包含數學等自然科學技術及宗教技術的傳授。

其實，從文獻來看，夏商時期的教育內容，已有包括駕馬訓練的六藝教育，但並不完善。而樂在當時是排在首位，禮是排在從屬的位置。到了周代，六藝的內容確定下來，形成了以禮為首，包含有德、智、體、美育，成為一套完整的教育體系。禮同樂、射、御等教育內容結合，表現了中國古代教育中體育、美育的特點。禮的核心是維繫宗法社會的根本，是一個人在社會上立身行事的基本準則。它同樂、射、御緊密地結合，實行政教（此處指教育）合一，適應周代宗

陝西西安秦始皇陵陪葬坑出土陶馭手俑
“五御”是對駕駛人的五種基本要求

法社會的需要，為統治者培養合格的人才。

六藝中的五御教育

“六藝”教育的特點是文武並重，知識與技能兼求，並依照年齡差異及學科不同而施教。“六藝”中禮、樂、射、御稱為“大藝”，是貴族從政的必具之術，在高級階段要深入學習；書與數稱為“小藝”，是民生日用所需，是初級課程，當時庶民子弟只有小藝教育。六藝中“御”又稱五御，指駕馬車的五種技術。鄭玄註：“五御：鳴和鸞，逐水曲，過君表，舞交衢，逐禽左。”也就是對御藝的五項檢驗：

一、在行車時無論車速快慢，車鈴要節奏分明；

二、走在河邊彎曲小路，車不能落水；

三、通過有國君標誌的地方，要從容致敬；

四、在蜿蜒的道路上，要使四馬合作默契，車身轉彎流暢；

五、田獵中能將鳥獸驅趕到車左面，供左側戰鬥員射獵。

這些看似孤立的要求，蘊含着配合、交鋒等駕車技巧。而因應戰術與御藝互相促進，此時發號施令的車長也不再由車左側的戰士出任，御者集決策與控制於一身，使戰車便於應付戰場變化。由此可見，學校的目的是通過“五御”培養貴族軍隊的骨幹、有教養的武士，不是培養一個粗魯的武夫。

這種對駕御車馬的教育，在現代汽車駕駛規範中也有一定的教育意義。在汽車十分發達的現代社會，同樣是駕駛汽車，有的人如狼似虎：遇斑馬線不減速，過紅綠燈不守規；車行之處，使路人如臨大敵。也有的人駕車風度翩翩：

雨天經過行人身邊，知道減速慢行，免得濺人一身泥漿；遇到道路堵塞，懂得等候，從不爭道搶行；看到別人有難，主動幫一把、送一程；車過之處，使人如沐春風，感到可親、可敬、可愛。比較起來，人品高下立見。中國是個尚德的國度，歷來講究立身須養德，做事先做人。駕車同樣也有"車德"問題。歷史上"五御"之說——對駕駛人的五種基本要求，其中就有專門針對駕駛人的道德培養。

馬車與國力

在先秦時期，馬與車的多少，不僅是貴族比富的標誌，也是一個國家強大與否的表現。《禮記·曲禮》有"問士之富，數車以對；問庶人之富，數畜以對"的記載。齊景公以"有馬千駟"聞名，死以幾百匹馬陪葬。周代車以駕四馬為常，多以"駟"為計數車輛的單位。戰車通常駕四匹馬。四匹馬之中，中間的兩匹稱"兩服"，左右的兩匹稱"兩驂"，合稱為"駟"。每輛戰車載甲士三人，居中者是御者，只佩帶短劍；左方甲士稱為"車左"，持弓主射，是一車之首；右方甲士稱為"車右"，執長戈或矛，負責刺擊。車上還備有若干戈、殳、戟、酋矛和夷矛等兵器，合稱"車之五兵"。此外，還配屬一定數量的步兵（卒），構成基本建制單位，稱為"一乘"。

前文所說齊景公的"有馬千駟"，就是說齊景公有一千輛車和挽車的四千匹馬。《戰國策·秦策一》記載，蘇秦用連橫統一天下的主張游說秦惠王時，就說："大王之國……戰車萬乘，奮擊百萬，沃野千里，蓄積饒多，地勢形便，此所謂天府，天下之雄國也。"萬乘之國，在當時是國力強盛的表現，秦始皇最終能夠統一中國，與秦國是當時的"萬乘之國"不無關係。

從商朝至春秋時期，車戰是戰爭中最主要的作戰方式，戰車一直是軍隊的主要裝備，也是反映各諸侯國作戰實力的重要指標，有所謂"千乘之國"、"萬乘之國"之稱。西周以後，正是隨着戰車的發展和車戰規模的升級，產生了訓練車戰甲士"五御五射"的規範。

馬與禮制

春秋時，乘甚麼樣的車，用幾匹馬，有嚴格的等級規定，馬的使用又與禮儀制度結合。據《周禮》記載，天子乘坐四匹馬挽拉的馬車，即駟駕車；諸侯乘坐三匹馬挽拉的馬車，稱驂駕車；大夫只能乘兩匹馬挽拉的馬車，叫駢駕車。至戰國時，諸侯王出行，前後的副車、屬車，最多者可有九乘。但這一"禮制"，隨着周王室衰微，天下禮崩樂壞而不保，一些諸侯和士大夫逐漸有越禮現象。秦始皇滅六國後，為宣揚自己的帝威，曾將自己主車前後的"導車"、"屬車"擴充了九倍，形成"大駕八十一乘"的局面。且前車蒙虎皮開道，後車懸豹尾辟邪，護衛自己的主車——用金裝飾的"金根車"。其浩浩蕩蕩之勢，竟使頗有計謀的張良派刺客在博浪沙狙擊秦始皇時，誤中副車。這一幕，詳細地記錄在《史記·留侯世家》中。

馬與葬制

在墓穴外設陪葬坑的葬制始於商周。地位稍高的貴族墓，墓穴外一般都會有車馬坑隨葬。隨葬的車馬多為真車、真馬。先秦的陪葬坑主要為車馬合葬坑或馬車分葬坑兩種形式，馬車分葬坑是在馬坑或車坑間用生土牆相隔。先秦時期，以車馬隨葬也是一種等級制度的體現。墓主人等級不同，隨葬的車馬數是不同的，一般情況下，地位越高，車馬數就越多。

最早的車馬坑主要出現在殷墟晚期，也就是在河南安陽地區，這說明除商都殷墟以外，使用車馬的情況不多，而殷墟之內，即使一些高級貴族墓，也沒有車馬坑陪葬。這可能是車馬殉葬的初創階段，此時的車馬制度還處於萌芽階段。這是合乎商代社會生產力的發展情況的。

西周繼承了商代的車馬制度，但有較大發展。西周時期，車馬隨葬已較為普通，已不限於王室中心地域，甚至一些身份不太高的士族墓，也有車馬坑隨葬。該時期車馬制度發展的一個重要現象，就是與禮制初步結合，通過分析一些墓葬隨葬車馬的情況，不同等級的墓主隨葬的車馬數量與文獻基本一致。如河南上村嶺虢國墓地一些墓葬就顯示了嚴格的等級區別，因鼎是重器，隨葬鼎的數量與墓主人身份相關，所以陪葬七鼎的墓，以十車二十馬陪葬；陪葬五鼎的，以五車十馬陪葬；陪葬三鼎的墓，以三車六馬陪葬；陪葬一鼎的墓，陪葬的是一車二馬。

春秋時期是車馬殉葬制度發展的高峰期，這一時期車馬殉葬更為普遍，與禮制結合得也更為密切。與西周時期相比，形式上最大的變化是出現了用土牆分隔車和馬的車馬分隔坑。趙國的貴族墓葬考古已發現陪葬車馬坑達13處。其中山西太原金勝村春秋後

山東臨淄齊國故城出土的殉馬坑

西安市長安區神禾塬戰國秦陵最新發現的車馬坑，放置六馬一車，這是“天子駕六”的規格。

期的趙卿墓陪葬有兩座大型車馬坑，出土殉馬總計44匹，車16乘。河北邯鄲百家村的趙國貴族墓群，發現殉馬坑6座，其中1號坑殉馬達26匹之多。考古已發現的趙國貴族墓葬無一例外均有殉車馬陪葬。

除了車馬坑以外，在山東臨淄發現有大型殉馬坑的墓，該墓位於齊都鎮齊故城東北。據坑內馬骨排列密度推算，全部殉馬當在600匹上下。其數量之多，規模之大，所見空前。經鑒定，殉馬全係壯年馬，推測是被麻醉致死後，再由人工排列而成。馬分兩行，井然有序，都是馬頭向外，昂首側臥，呈奔走的姿態。排列在前的五匹，頸繫銅鈴，是臨戰威姿，據考證其墓主可能是齊國第二十五代君主齊景公。繼2002年河南洛陽發掘出保存完好的“天子駕六”車馬坑後，2006年東周王陵區又發掘出一個一車六馬的車馬坑。東周京城兩處“天子駕六”考古遺存的面世，都印證了古文獻中的“天子駕六”之說——在古代，只有天子級的人物才能使用六匹馬拉的車，即稱“天子駕六”。

戰國時期的社會大轉變，令車馬制度走向衰落，等級制度受到衝擊，人的思想觀念也開始轉變。而隨着冥器車馬流行，用真實車馬隨葬的現象逐漸減少。

（郭燦江，河南博物院研究員）

中國大陸考古發掘出土與馬有關的文物地圖

2001年，山西大同雁北師範學院建設工地出土北魏墓11座，其中一墓出土騎手和馬都披甲的甲騎具裝俑26件，人馬均不披甲的雞冠帽輕騎兵俑32件。該墓墓磚有明確紀年為太和元年（西元477年），是北魏定都平城時期的顯貴之墓。騎兵俑的造型顯示當時輕騎兵與重甲騎兵並存。

1997－2006年，山西曲沃北趙晉侯墓地1號車馬坑，1997年清理東部馬坑，至少出土105馬；2006年清理西部車坑，清出40車，可能有50車，有的車上保留有彩繪或護甲。

1987－1989年，山西臨猗程村春秋墓地出土車馬坑8座，共存19車，約42馬。

1981年，陝西茂陵無名塚從葬坑出土的鎏金青銅馬，是反映西漢馬種改良的早期作品，銅馬體長75厘米、體高62厘米，大約是真馬尺度三分之一強。塑造的是馬的立姿，姿態穩定安詳。地頸長而彎曲，胸圍寬厚，胸肌勁健，四肢修長，臀尻圓壯。大約模擬的就是"天馬"形貌。

自1974年陝西臨潼秦始皇陵園陪葬兵馬俑坑發掘以來，已經出土陶俑7000多個，駟馬戰車100多乘，駕車陶馬和騎兵陶鞍馬1000多匹。可以看出秦統一東方六國所依靠的那支強大軍隊，仍舊是以駟馬戰車為主力兵種。據史書記載，當時秦有兵員百餘萬人，但只有騎兵萬人，只佔軍隊總數的百分之一。但騎兵已是秦軍中的一個獨立的兵種。清理出的騎兵俑高1.8米，都立於戰馬左側。他們右手牽馬，左手原來握兵器，現兵器已失，但身旁發現有銅劍、銅弩機和殘木弓。

1965年，陝西咸陽楊家灣四號漢墓出土大量陶俑，其中騎兵俑達580多件，他們集中排列，自成方陣，顯然已經是獨立的兵種。

1953年，陝西西安南郊草廠坡村十六國墓，已經出土有甲騎具裝俑和披具裝鎧的陶馬。20世紀80年代以來，陸續又在咸陽等地發掘同樣形制的十六國墓，其中平陵十六國墓出土披具裝鎧的釉陶馬和彩繪陶馬，還有馬上鼓吹的陶俑軍樂組合造型。

2006年，陝西長安神禾原戰國秦陵車馬坑，有5－6車，其中K8、K10各有1車前駕6馬。

1958年，湖南長沙西晉永寧二年（西元302年）墓出土的騎俑上，發現了目前世界上最早的馬鐙。這件陶製騎馬俑的馬身左側方（右側沒有），塑有一個鐙革很短的三角形小鐙，學者認為是僅供騎手上馬時踏足的，騎好後就不再使用。這是馬鐙比較原始的形態。可以用作實戰的長馬鐙，見於東晉時製作的陶俑；而真正的實用長馬鐙實物，是出土自著名的遼寧北燕馮素弗墓（西元415年）中。

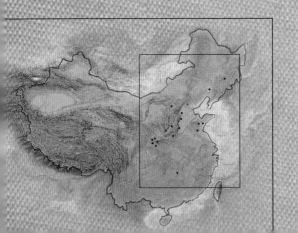

1997年，河北邯鄲戰國趙王陵墓群2號陵出土三匹姿態非常寫實的青銅馬，其中一件銅馬陰囊明顯，睾丸突出，雄性器官刻畫細膩。銅馬尾部紮束，顯示出戰馬的特徵。還出土四套駟馬戰車。這都為史稱趙武靈王當年組建騎兵，實行"胡服騎射"變革增添了生動的實物註腳。

20世紀80－90年代，從發現於遼寧朝陽、北票一帶的前燕、北燕的墳墓中的隨葬品中，獲得了鐵製馬具裝鎧，同時也隨葬有人披的鐵鎧甲和大量銅鐵兵器。先是在朝陽十二台鄉的十六國墓（88M1）出土有保存完整的鐵馬面簾，後來又將從北票喇嘛洞十六國墓（IM5）中出土的鐵馬具裝鎧進行復原研究，終於認清了當時馬具裝鎧的全貌。

20世紀50年代，吉林集安地區繪於西元4－5世紀的高句麗墓室壁畫中，就出現了重裝騎兵──甲騎具裝的圖像。

1990年，山東淄博後李出土車馬坑：1號坑10車32馬，2號坑6馬。建成臨淄中國古車博物館。

山東齊故城發現戰國晚期大型殉馬坑，出土馬骨228匹，馬齡多在六、七歲口，如果全部發掘出土估計至少有600匹以上。據推測這座大墓可能是齊景公（西元前547年）的陵墓，600匹馬可以裝備駟馬戰車150乘之多。

1900年，山東淄博河店出土2號戰國大墓，車馬坑：22車，殉馬坑：69馬。

2002－2003年，河南洛陽東周王城車馬坑，中區5號車前駕6馬，被認為是"天子駕六"。

20世紀50－90年代，河南安陽殷墟（今大司空村、孝民屯村和郭家莊等地）發現大量商代晚期車馬坑，出土完整的戰車車（木車實物遺跡）馬（骨架），以及車馬裝飾品和兵器。

1995年，山東滕州發現三座商代晚期車馬坑，每座均葬一馬二車。出土三輛車都是戰車。這是山東境內首次發現的商代車馬坑。

古代擊鞠與**馬球運動**　　董新林

　　中國史籍經常有"擊鞠"、"擊球"或"打球"等運動
的記載，這就是中國古代的馬球運動。顧名思義，馬球是指
騎馬杖擊球類的競技方式，又稱波羅球（Polo），是西方現
代馬球的前身。

中國馬球運動的起源

　　中國的馬球運動興起於何時？目前還沒有定論。關於"擊鞠"的最早記載，見於西元 3 世紀曹植的樂府詩《名都篇》，詩中"連翩擊鞠壤，巧捷惟萬端"的句子，被認為就是描寫打馬球。就現有資料而言，馬球運動並不是中國固有的傳統遊藝，而是一種在外來影響下發展起來的娛樂和運動。

　　在波斯地區，馬球早就已經是安息（西元前 247 －前 224 年)王朝貴族的運動了，而安息曾經與漢朝有交往。安息之後的薩珊波斯帝國與中國交往更密切，兩個來往的最早記載見於《魏書·高宗本紀》：太安元年（西元 455 年)"冬十月，波斯、疏勒國並遣使朝貢。"一般認為，中國古代的馬球，是借鑒了波斯的馬球，同時又融入了自己的創造，如偃月形球杖和用傳統工藝做的"球"(唐以前有中間填以毛髮的皮革球，後來出現了用動物內臟充氣，外層包縫數塊皮革的氣革球）。

伊朗的伊斯法罕廣場，原為馬球場，圖中央的兩根柱子就是原來龍門的門柱。（圖片來源：張倩儀）

75

波斯打馬球細密畫
（陳萬雄提供）

唐代皇帝痴迷擊球

　　隋唐時期，馬球運動十分盛行。唐太宗時期確立了在西域中亞地區的宗主地位，西亞的波斯與唐往來更為頻繁。史載唐玄宗、敬宗、宣宗、僖宗等都是打馬球的高手。

　　唐代長安的宮城內闢有馬球場地，在三殿十六王宅都設有馬球場。西安唐代大明宮含光殿遺址內，發現了一塊刻有“含光殿及球場等大唐大和辛亥歲乙未月建”字樣的石誌，這表明在唐代皇宮內，馬球場是重要的建築設施。《資治通鑒》記載，唐中宗時駙馬武崇訓、楊慎交甚至“灑油以築迷場”。

　　元代陳及之的《便橋會盟圖》，表現唐太宗與突厥頡利可汗在長安城西渭水便橋會盟的場景。其中也描繪了兩隊不同冠服的騎馬球手激烈競爭的場面。

　　《封氏聞見記》記載，唐中宗景雲三年（西元709年），時為臨淄王的唐玄宗李隆基，率領一群由貴冑組成的馬球高手，與吐蕃舉行了一場激烈的馬球比賽，玄宗“與嗣虢王邕、

陝西西安唐大明宮遺址出土的
含光殿及球場石碑拓片

駙馬楊慎交、武延秀等四人，敵吐蕃十人。玄宗東西馳突，風回電激，所向無前。"大獲全勝。唐宣宗更是馬球勇將，他能策馬持杖，在空中運球，"連擊至數百，而馬馳不止，迅若流電。"由於皇室熱衷，當時左、右神策軍中便都設有"打球軍將"，兼顧習武。球藝高超的"打球軍將"往往飛黃騰達，封官拜侯。如鎮海軍節度使周寶就是"打球軍將"出身，會昌年間（西元841－846年）皇帝觀戰的一場馬球賽中，他為爭得第一個進球，被球杖上的鐵鈎打瞎了一隻眼睛。騎馬打球風險很大，像宿衛都指揮使朱友倫在左神策軍打球時，就失手墜馬而死，所以唐代女子也風行騎着驢或徒步打球。

章懷太子墓道西壁
壁畫之馬球圖摹本

目前已知時代最早的打馬球圖，出土於陝西乾縣唐章懷太子李賢墓。馬球圖位於墓道西壁，共繪有二十多匹馬，騎馬之人都戴襆頭，穿各色窄袖袍，黑靴。打馬球的人則左手執韁繩，右手拿偃月形鞠杖。最前一人回頭看球，次之最南面一人，坐在飛馳的駿馬上，回身反手擊球，另有三人正驅馬向前準備搶球，還有一個騎白馬的，沒有拿球杖，或許是裁判。其後還有十數騎。這幅畫場面宏大，富有動感，應是當時繪畫高手所為。此外，陝西富平唐節湣太子李重俊墓的

唐李震墓壁画之侍女圖
李震墓第三過洞西壁壁画之侍女圖，手執"T"字形杖頭的球杖。

墓道西壁，也有馬球圖。

唐代皇帝痴迷"擊球"，達官貴人、宮女近侍，乃至遊俠少年，自然熱衷擊鞠，使馬球成為一時的時尚。唐代銅鏡、陶俑等，都有與馬球相關的精美圖像，反映了當時"擊球"之風的盛行。

唐墓馬球壁畫有一個值得注意的現象：侍者所持的"球杖"有兩種形制。一種是典型的中國形制，杖頭為偃月形，即呈"L"形，如唐安公主墓甬道東壁侍者所持；另一種則為"T"字形，應是波斯球杖的形制，如李震墓第三過洞西壁北側侍者圖。可以看出中國的"擊鞠"與波斯的"波羅球"相比，有鮮明的特色。

遼代貴族和平民皆愛馬球

遼代契丹人是善於騎獵的遊牧民族，對馬球自然情有獨鍾。遼穆宗、聖宗和興宗等皇帝，都很喜歡打馬球。《遼史·遊幸表》多處記載了遼代帝王"擊鞠"或"觀擊鞠"的情況。從穆宗應曆三年（西元 953 年）至興宗重熙二十三年（西元 1054 年），百餘年間，皇帝最少曾直接參加了二十餘次馬球比賽。

當時諸王和顯貴投皇帝所好，也都善於擊球之道。興宗和道宗時期的將領蕭樂音奴"善騎射擊鞠，所交皆一時名士。"也有奸臣憑精通擊球之戲得到皇帝寵信。《遼史·耶律塔不也傳》載耶律塔不也"以善擊鞠，幸於上，凡馳騁，鞠不離杖。"

打馬球的運動，也是遼代的低級貴族和百姓平民喜愛的體育活動。內蒙古敖漢旗皮匠溝1號遼墓是一座中下層契丹人的墓葬。此墓西壁有一幅精美的馬球圖。畫上共繪5個騎馬者，均契丹裝束，執偃月形球杖，正激烈地比賽。根據馬匹的顏色和人物冠飾的不同，可以分為裁判和對壘的雙方，每方二人。其中畫面左側第一人有別於其他四人，他背插黑色球杖，騎黑馬，可能是裁判。第二人和第四人均騎紅色駿馬，執黑色球杖，腦後冠飾有兩條黑色飄帶，應為一隊；第三人和第五人均騎白馬，執紅色球杖，為另一隊。對壘的二人月杖相碰，正奮力搶擊一個紅色球，其他二人緊隨其後。在第四人的馬後、第五人的右前方，有一個紅色穹窿形球門。值得注意的是，每隊的兩名擊球手均一左一右手持球杖，這反映了遼代馬球技戰術的進步。此外，在敖漢旗七家1號遼墓的西南壁也發現類似的馬球圖。

內蒙古敖漢旗皮匠溝
遼墓壁畫之馬球圖摹本

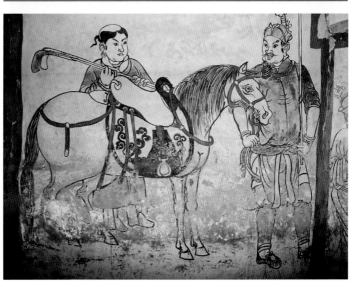

河北宣化下八里II區
遼墓壁畫之馬球圖

山西侯馬金代董海墓雕磚之
馬球圖摹本

河北宣化下八里漢人墓地是遼代晚期的平民墓地。第二區2號墓的東南壁上，繪了一幅表現服侍主人準備打馬球的壁畫。畫面由二人一馬組成。在駿馬裏側站着髡髮少年，持兩種顏色的偃月形球杖，似乎在等候主人。

"擊球"風氣太盛，已經影響到國家的穩定，遼興宗曾兩次禁止擊鞠之戲。但是從文獻和考古資料看，此禁令並沒有切實執行。

馬球在金代晉南民間也較為流行。山西侯馬牛村古城董海家族合葬墓，是一般的地主豪紳墓葬。墓室營造出前堂後室、東西廂房的豪華宅院氣氛，仿木結構的磚雕十分精美。馬球圖位於前室西壁中部的四扇版門障水板上。每板磚雕一人一騎，共四人。所騎馬鞍韉齊備，健壯彪悍。根據馬的顏色，可以分為紅、黃兩隊，每隊各二人，其中左起一、三為紅隊，二、四為黃隊。球手除第四人為髡髮外，其餘均裹軟巾，穿圓領窄袖長袍，穿烏靴，左手執韁繩，右手拿偃月形球杖。他們有的縱馬馳騁，有的揮杖擊球，有的勒馬回視，有的駐馬而立，形態各異，形象生動。此外，山西襄汾曲里村金墓墓室東壁須彌座之上，也鑲嵌四幅馬球圖雕磚。

中國的馬球運動還影響到朝鮮半島和日本。據日本《本朝通鑒》和《經國集》記載，渤海國使節到日本，曾表演擊球的高超技藝。天皇觀球後曾賦詩："回杖飛空疑初月，奔球轉地似流星。"日本奈良縣明日香村發現了一座7世紀末或8世紀初的壁畫墓，其中男子和女子侍奉圖，都有拿偃月形球杖的形象。高麗也有在端午節擊球的習俗。《高麗史》載，在蒙古時代以前，自太祖元年甲午習儀於球庭，前後所記，不下五十一處。

（董新林，中國社會科學院考古研究所副研究員）

唐帝國的寵物
從 "**舞馬銜杯**" 銀壺談起 楊清越

陝西西安何家村唐代金銀器窖藏出土鎏金銀壺上的 "舞馬銜杯" 圖像

馬兒體態圓渾,鬃毛豐滿,並繫一條向後飄起的飾帶,馬尾也向上舞起。兩前腿挺立,兩後腿蜷屈,最妙的是馬嘴銜着一隻高圈足酒杯。

在人類馴化動物的數千年歷史中,馴養宮廷娛樂用的舞馬,可以算是空前絕後的藝術創舉。能隨着音樂節奏而舞蹈的神奇馬兒,曾經是唐朝皇帝的第一寵物。可是唐朝舞馬失傳千年,只留文字記載。

陝西省西安何家村的一處唐代文物窖藏,出土金銀器皿多達271件,全是工藝水平極高的精品。因窖藏地點在唐長安城內興化坊的西南部,是唐朝王府的所在,所以推測這批窖藏文物當是王府的財物,可能是 "安史之亂" 時倉促埋下,後來因故未能挖出。

在這批金銀器中，有一件鎏金銀質仿皮囊壺，壺上紋飾向世人展現了失傳千年的唐代舞馬形象。

壺的腹部兩側各有一匹凸於器表的舞馬，由於是錘凸成像，馬的形象凸起於銀白的壺體表面，有立體感，顯得十分華美。這銜杯駿馬，應是唐代一種經過特殊訓練，專門表演舞蹈的舞馬。

唐朝的舞馬

唐代文化藝術燦爛，皇帝又多是富有個性和才情的人物。特別是唐玄宗，他精通文藝，多有創新。他做皇帝期間，朝廷中馴養教習舞馬的風氣達到鼎盛。

馬舞有群舞，有獨舞。獨舞有如雜技，有安設三層板床，馭手乘馬而上，在上面旋轉如飛。有時又由一大力士舉一榻，讓馬舞於榻上。

群舞的場面則更壯觀。唐鄭處誨《明皇雜錄》記載："玄宗嘗命教舞馬，四百蹄各為左右"，常備舞馬至少也有百匹。玄宗善於組織群馬表演，場面展示極為壯觀。《舊唐書》載，每遇勤政殿宴享，通常要調用舞馬三十匹，表演《傾杯樂》一曲。根據《資治通鑒》及胡三省所註，表演該曲要用舞馬百匹。這些馬用金銀珠玉裝飾纓絡和鬃毛，背上披掛文繡彩衣，然後按毛色分別部目，起名為"某家寵"、"某家驕"等。八月五日是唐玄宗生日，時稱"千秋節"，照例要舉行盛大的慶賀宴會和樂舞表演，舞馬是其中重要的節目。表演時，舞馬着華麗衣飾，隨着《傾杯樂》的旋律，表演各種步伐和姿態——昂首揚尾，縱橫坐臥，前進後退，忽左忽右，"徘徊振迅""指顧倏忽""忽兮龍踞，愕而鴻翻，頓纓而電落朱鬣，驤首而星流白顛」。這些令人眼花繚亂的動作，其難度和優雅真可與今天馬術比賽中的「盛裝舞步」相比。尤其銜杯一拜，更見靈性和可愛。

馬舞表演的音樂和舞蹈都比較複雜，就曲子而言，《傾杯樂》是最流行的。該曲早在中宗朝已有雛形，名為《飲酒樂》。宋程大昌《考古編》卷九：「世傳舞馬銜杯上壽起於開元，非也。中宗時已有之。《景龍文館記》：殿中奏蹀馬（唐時舞馬又稱「蹀馬」）之戲，婉轉中律。遇作《飲酒樂》者，以口銜杯，臥而復起。吐蕃大驚。」可知唐中宗時舞馬隨音樂節拍舞蹈嬉戲的情況。玄宗朝改進此曲，每逢千秋節演奏，成為定制。

舞馬之風最盛行的時候是唐玄宗時期，僅張說作的舞馬詞就留下十多首。張說的《舞馬千秋萬歲樂府詞》描述：「腕足齊行拜兩膝，繁驕不進蹈千蹄。髟髮奮鬣時蹲踏，鼓怒驤身忽上躋。更有銜杯終宴曲，垂頭掉尾醉如泥。」當時只有極少數常常出入宮廷或侍奉帝王左右的人欣賞過舞馬和馬舞，但正是只聞其名，更增添了舞馬的神秘色彩。

舞馬的歷史

訓練馬兒作舞蹈表演，並不是唐朝才有。傳說曹魏時已有舞馬，曹植《獻文帝馬表》曰：「臣於先武皇帝世得大宛紫騂馬一匹，形法應圖，善持頭尾，教令習拜，今輒已能，又能行與鼓節相應，謹以奉獻。」「善持頭尾」的姿態與唐朝銀壺的舞馬相符，雖然不能銜杯而舞，與鼓節相應也算是優美的舞步。史載南北朝時，劉宋、南梁、西魏均有舞馬，謝莊、張率等人也作過《舞馬賦》，讚揚舞馬的神奇。

　　無論是曹魏時來自大宛的紫騂馬，劉宋西魏時西域或吐谷渾獻上的舞馬，還是玄宗時來自"海西""塞外"的舞馬，善舞的馬種似乎均非產於中原，但中原和原產地都訓練教習舞馬。

　　既然舞馬由來已久，為何在玄宗時蔚然成風呢？舞馬的興盛需要兩個同時具備的條件：外來的善舞馬種和輸入地對舞馬的需要，這是文化範疇的需要，是對一種有魅力的事物的喜愛。開元年間社會最為繁榮穩定，在當時高度發達的經濟文化環境中，馬絕不僅僅作為畜力。尤其在貴族中，更為關注馬的體型、毛色、姿態和動作，這從唐代詠馬的詩歌和大量繪馬的美術作品中可以看出。馬舞也不是朝廷盛宴節目單上可有可無的節目，而是極其專業而盛大的表演，甚至一度是為玄宗祝壽的專場演出。

　　這些高級寵物的命運與唐朝的興衰緊密相聯。鼎盛之時往往也是衰落的開始。"安史之亂"發生，玄宗入蜀避難，舞馬亦散落民間。叛軍首領安祿山曾在宮中觀賞過馬舞，非常喜愛，攻破長安後掠走數匹舞馬至范陽。安祿山死後，舞馬又被部將田承嗣所得，但田氏沒有見過舞馬的場面，不知這是一些經過特殊訓練的馬，將牠們與一般戰馬混養。一日，田承嗣設宴犒賞將士，高奏樂曲時，這幾匹舞馬應節奏舞動起來，養馬的兵士不知緣故，以為馬中了妖邪，便狠狠鞭打馬兒。舞馬以為是沒有踩準節拍而受到懲罰，舞動更加起勁，管馬軍吏急忙將此異事報告給田承嗣，這無知的武夫下令狠加鞭打。鞭打愈狠，馬就舞得愈賣力，結果受到的鞭撻就更狠，最後舞馬竟都被活活打死。

　　陸游《避暑漫抄》載史料云：亂事平定後，唐朝"方散求（舞馬）於人間，其歸於京者十無一二"。《冊府元龜》

記德宗貞元四年時，"宴百僚於麟德殿，設九部樂及內出舞馬，帝製序及詩以賜群臣，於是給御筆仍命屬和"，可見德宗時仍有舞馬。此後再無相關的記載了。其實舞馬和馬舞在晚唐之後就消失了。

獨一無二的物證

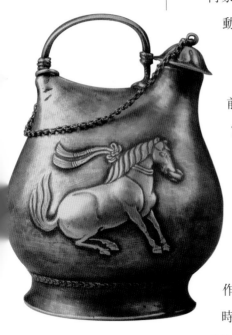

銀壺通高14.8厘米，扁圓形，造型模仿遊牧民族使用的皮囊。壺身和圈足採用一塊銀板捶打而成。壺上方有小口，配覆蓮瓣式壺蓋；蓋有銀鏈與提梁相連。鏈以細銀絲雙股扭成"8"字結。提梁由一銀條捶製。銀壺通體拋光，壺蓋、提梁、舞馬和繩索紋鎏金，屬文獻中所載黃白相映生輝的"金花銀器"。

何家村窖藏中的舞馬銜杯銀壺，為文獻記載提供了生動、形象的佐證，但它是唐朝甚麼時候的器物呢？

舞馬紋銀壺上的繩索紋流行於唐代前期，此壺所屬的器物群——何家村窖藏的時代則約為8世紀前半葉，應早於最後記載舞馬表演的貞元四年（西元788年）。這件壺從器型到紋樣，在已知的唐代金銀器中是獨一無二的。出土時壺外底有墨書"重十三兩半"字樣，表明它作為貴金屬的價值。不過如此精美的器物，觀賞價值遠遠超過自身重量所代表的經濟價值，可能是一件進奉或賞賜之物。該壺製作十分講究，紋飾更是精益求精，從精良的製作到紋飾本身都顯示這是唐朝最盛時期也是馬舞頂峰時期的作品。

"獻壽無疆"的舞馬不能祈求到唐朝千秋萬歲的繁榮，也沒能保存自身的優良品種和高超技藝。今天我們慶幸能從銀壺上看到馬舞的輝煌瞬間，可是千百年來的好奇和遐想卻有增無減，更平添了無盡的遺憾——一幅靜止的舞馬圖像可以如此動人，那麼一匹活的舞馬將會是多麼奇妙呢？

（楊清越，北京大學考古文博學院博士生）

中國古代的**馬技**　　徐昕宇

現代奧運會中有西方馬術比賽，平日大家還能欣賞到馬戲表演、英國人喜歡參與賽馬活動。因此，很多人都以為這些與馬有關的遊戲競技項目，是西方獨愛。其實，中國很早以前，也流行與馬有關的娛樂活動，如舞馬、賽馬、馬球和馬技等，總稱為"馬藝"。舞馬和馬球都有另文介紹，這裏，我們重點介紹馬技。

由來已久的馬戲表演

《馬術圖軸》局部
郎世寧

馬技即"馬上技藝"，古時也稱"馬戲"或"馬伎"，是指人馬配合，在馬上表演一些難度較高的技藝。馬技在中國由來已久，山東沂南的東漢畫像石有馬戲表演，應是目前所見中國較早的圖像記錄。三國時，馬技表演也很普遍。據《魏書·甄皇后傳》記載："后年八歲，外有立騎馬戲者，家人皆上閣觀之，后獨不行。"至唐代，馬技表演已達很高的水平，其中"透劍門伎"尤為精彩。所謂"透劍門伎"就是地上倒插刀劍，間隔分成幾組，馬跳越刀山。表演者乘小馬，奔騰跳躍，飄忽而過，人馬無傷。據唐人趙璘《因話錄》記載：宣武軍（唐代政區，位於今河南商丘一帶）有一小將善為此伎。不幸的是，這位小將在一次表演"透劍門伎"時，忽然風起馬驚，失序觸劍，"人馬皆斃於刀下"。

宋代給皇帝表演的馬戲

到了宋代，馬戲技藝更為成熟。在東京汴梁（今河南開封）給皇帝表演馬戲時，已有引馬、開道旗、拖繡球、褪柳枝、旋風旗、立馬、騙馬、跳馬、棄鬃背坐、倒立、拖馬、飛仙膊馬、鐙裏藏身、趕馬、綽塵、豹子馬等諸多技巧。宋人孟元老所著《東京夢華錄》對此有詳細記載：

先一人空手出馬，謂之引馬。

次一人磨旗出馬，謂之開道旗。

次有馬上抱紅繡之球，繫以紅錦索，擲下於地上，數騎追逐射之，左曰仰手射，右曰合手射，謂之拖繡球。

又以柳枝插於地，數騎以劃子箭，或弓或弩射之，謂之褪柳枝。

又有以十餘小旗，遍裝輪上而背之出馬，謂之旋風旗。

又有執旗挺立鞍上，謂之立馬，

或以身下馬，以手攀鞍而復上，謂之騙馬。

或用手握定鐙褲，以身從後鞦來往，謂之跳馬。

忽以身離鞍，屈右腳掛馬鬃，左腳在鐙，左手把鬃謂之獻鞍橋，又曰棄鬃背坐。

或以兩手握鐙褲，以肩着鞍橋，雙腳直上，謂之倒立。

忽擲腳着地，倒拖順馬而走，復跳上馬，謂之拖馬。

或留左腳着鐙，右腳出鐙，離鞍橫身，在鞍一邊，右手捉鞍，左手把鬃存身，直一腳順馬而走，謂之飛仙膊馬。

又存身拳曲在鞍一邊，謂之鐙裏藏身。

或右臂挾鞍，足着地順馬而走，謂之趕馬。

或出一鐙，墜身着鞦，以手向下綽地，謂之綽塵。

或放令馬先走，以身追及，握馬尾而上，謂之豹子馬。

或橫身鞍上，或輪弄利刃，或重物大刀雙刀百端訖。"

遺憾的是，唐宋的這些精彩馬技，只能從文字記載中窺見一斑。存世的唐宋繪畫、雕塑等，與馬有關的很多，但與馬技相關的作品很少。

及至元代，善於騎馬、馴馬的蒙古人入主中原，也將馬技表演帶入一個高峰。元代畫家陳及之有長卷《便橋會盟圖》，表現唐太宗與突厥頡利可汗在渭水便橋結盟的情景，其中有突厥騎手表演馬技的場面，包括了《東京夢華錄》所記"立馬"、"倒立"等技巧。但據考證，畫中表演者都是元代蒙古人裝束，而非唐朝時突厥人打扮。可見畫家去唐朝已遠，此畫是據元代的現實情況繪製的，對我們了解元代馬技有重要意義。而且，元代去宋不遠，透過這幅畫作，再結合文獻記載，或可使我們對宋代馬技也有大致的了解。

清代馬戲異彩紛呈

清代統治者滿族人，與蒙古人類似，也是遊牧民族。清朝立國，將"騎射"視為國之根本，格外重視。康熙、乾隆等皇帝經常前往承德避暑山莊、木蘭圍場等處騎射狩獵，並欣賞馬技表演。此時的馬戲，又有新的創造。乾隆年間宮廷畫師郎世寧所繪《馬術圖軸》，真實再現了乾隆十九年（西元1754年），皇帝在承德避暑山莊接見蒙古部落首領時，八旗官兵為助興，表演馬技的情景。僅畫中所展示，就有"開道旗"、"立馬"、"倒立"、"立馬吹笛"、"馬上射箭"等多種技巧。另據趙翼《檐曝雜記》卷一記載，此時蒙古有一種"詐馬戲"，類似今日的套馬、馴馬，常為乾隆皇帝表演，以表現蒙古人的勇敢。即使到了清後期，滿族王

《便橋會盟圖》馬術局部
陳及之

公、八旗子弟已荒廢騎射日久，但馬技表演仍異彩紛呈。清人徐珂所編《清稗類鈔·戲劇類》記載了咸豐皇帝在上元節觀看馬戲表演的情景："於未申之交，駕至西廠，先陳八旗驪馬諸戲，有一足立鞍鐙而馳者，有兩足立馬背而馳者，有扳馬鞍步行而並馬馳者，有兩人對面馳來各在馬上騰身互換者，有甲騰出乙在馬上戴甲於首而馳者，曲盡馬上之奇。"

晚清時，歐美的馬戲表演也已傳入中國，《檐曝雜記》中還記載了西方馬戲團在上海演出的情景，從中可見中西馬技表演之異同。"西人之至滬為馬戲者不常有，演時，大抵張廣幕為場，場形圓，中央為奏技處，觀者環坐四周。場有奏樂處，鈴動樂作，演技者聯翩而出，騎術極精。初用常法騎馬，循場而走，繼則立於馬背，旋以兩膝跪於馬背，且走且跳索，或令馬走方步。其始馬首尚有韁，未幾，即盡去之。或一人立於場中，舉鞭為號，馬即如法作種種遊戲。"

(徐昕宇，商務印書館編輯)

中國古畫中馬兒的
愛普松跑法

鄭　岩

明代崇禎十三年由浙江吳興人閔寓五主持刊印的《西廂記》版畫

德國科隆博物館（Museen der Stadt Koln）藏有一套明代崇禎十三年（西元 1640 年）由浙江吳興人閔寓五主持刊印的《西廂記》版畫，畫中將各種器具、遊藝與故事情節結合在一起，表現手法十分奇特。其中第五幅描繪白馬將軍杜確和普救寺僧人追殺叛將孫飛虎一節，便將角色化作走馬燈中圍繞燈罩轉動的小人小馬，饒有趣味。湊近細看，戰馬奔馳，鼓密鑼緊，循環往復，無始無終。退後一想，卻又恍然大悟——一切不過是紙上波瀾，是由人來設置、操控的一場戲！

如何表現馬的運動？

除了給人如此玄妙的聯想和啓示，這一作品還解決了繪畫的一個技術難題，即怎樣在靜止的畫面上表現事物的運動。畫家的辦法直截了當，他將運動的使命交給畫中的機械去完成，火燃了，燈轉了，馬跑了。這當然是中國繪畫史上獨一無二的例子。但是如何表現馬的運動，的確是千百年來藝術家苦苦思索、孜孜探求的課題，解決的方案也不一而足。

最著名的例子是甘肅武威雷台墓出土的銅奔馬。儘管這件作品的年代近來被重新考定為魏晉時期，略晚於以前所認定的東漢，但卻無損於其藝術價值。馬蹄下的那隻飛隼意義是多方面的，牠既喻示遼遠的天空，為馬的形象打開一個茫茫無垠的背景，同時又成為判斷速度的"參照物"，駿馬既然可以輕鬆地超越鳥兒，其奔馳的迅疾也就可以想見了。在年代和地域上與武威銅奔馬相近的另一處考古發現，是甘肅酒泉丁家閘5號墓的壁畫，其年代大約在4世紀末到5世紀中葉的十六國時期。該墓前室墓頂北坡繪有一匹飛奔的白馬，姿態與武威銅奔馬相似，可以作為重新思考武威馬年代的旁證。由於繪畫與雕塑語言的差別，丁家閘所畫馬的表現手法更為自由，馬兒向後甩去的尾巴和鬃鬃，以及流暢自如的線條，予人以強烈的動感；漫捲流轉的瑞雲、連綿起伏的群山，都説明這是一匹飛行於長空的天馬。漢代的天馬有的還直接畫出羽翼，如江蘇銅山苗

壁畫中的奔馬
甘肅酒泉丁家閘5號墓出土

山東漢墓畫像中，天馬身生雙翼，頭上有一輪紅日和呼風喚雨的風伯，使人聯想到傳說周穆王“八龍之駿”中能夠逐日而行的神馬“越影”。

在馬身上直接畫出羽翼，固然意思明瞭，但終究過於簡單直白，缺乏藝術趣味。畫馬更難的是如何在表現馬的肢體動作方面下工夫。戰國時期成書的《韓非子》記齊王與客論畫，就提到畫“鬼、魅最易”而“犬、馬最難”。人對凡間的犬馬瞭如指掌，作品稍有疏失差池，就會被注意到。由此也可以得知，當時的人對於如何畫馬已有過認真的鑽研。

1979年在陝西咸陽牛羊溝發現的秦國3號宮殿，北部走廊殘存的牆體上有大幅彩繪壁畫，內容包括車馬出行、人物儀仗以及植物和幾何紋樣，其中車馬出行的畫像中有多輛車，每車駕四馬，道路旁繪有樹木。這些建築和壁畫大約完成於戰國中期，和《韓非子》的時代大體一致。走廊東側第四間的一段壁畫保存狀況較好，共繪有三組車馬，每車駕四馬。值得注意的是，這些馬的姿勢全部是兩前肢向前平伸，兩後肢向後展開，肚皮與地面平行，凌空而起。每輛車前的四馬取側俯視的角度，上下略作疊壓，四匹馬一共只繪出了前面兩條腿和後面四條腿。由於馬匹前後重複疊羅，視覺上，並沒有給人馬腿數量缺失的不適。假如將16條馬腿全部繪出，整個畫面就會十分凌亂，反而會失去這種步調一致的節奏感。除了每組馬前後的重複，三組車馬也相互銜接，彼此重複，由南向北一組高於一組，進一步強化了畫面的節奏感和動感。

壁畫中的車馬
陝西咸陽秦國3號宮殿走廊

愛普松賽馬

　　這一發現讓我們聯想到法國浪漫主義的先驅，曾畫過《梅杜薩之筏》的畫家席里柯（Theodore Géricault 1791－1824）筆下的馬。1820年，席里柯根據他在英國愛普松（Epsom）郊外參加賽馬會的感受創作了《愛普松賽馬》，這幅畫現在陳列在巴黎盧浮宮博物館。在這幅油畫中，馬蹄同時伸向前後，就像在咸陽宮中壁畫所見的那樣。

《愛普松賽馬》
法國畫家席里柯的作品

　　半個世紀以後，照相技術成熟了，有人對比照片中的馬，批評畫家，指馬在飛奔的時候從來沒有過這樣的姿態，實際的情況是，馬在四蹄騰空時，總是交替運動，以為下一步做準備。

　　但雕塑大師羅丹（Auguste Rodin 1840~1917）卻為畫家辯護，他説：

　　我深信席里柯反對照相是有理由的，因為他的馬的確像是在奔跑——這裏由於觀眾，從後面到前面注意這些馬時，先看見後蹄做出普遍躍進的努力，然後看見馬身的伸展，最

照相機拍攝的賽馬

後是前腿往遠處着地。若説是發生在同一時間內，那麼這樣的動作是虛假的；但是從各部分相繼地去觀察，那便是真實的了。既然它是我們所見到的真實，給我們深刻印象的真實，而我們認為是重要的，就是這種唯一的真實。

羅丹還説"所謂運動，是從這一個姿態到另一個姿態的轉變。"英國藝術史家貢布里希（E. H. Gombrich）在《藝術的故事》的序言也援引這個著名的例子。其實，通過照相機觀看，只是人類諸多觀看方式的一種，人類除了擁有一雙構造精確的眼睛以外，還有機械所不具備的心靈。藝術之神鍾愛眼睛之餘，更要向心靈致敬。

四腿前後分開的馬是古老樣式

回過頭來再看中國藝術中的馬，就會發現咸陽宮壁畫絕不是一個孤例，"愛普松式"的奔馬在漢唐藝術品中比比皆是。例如，河北定縣三盤山西漢中山王墓出土的錯金銀銅車飾上描繪的駿馬，就是這般矯健的身姿。山東沂南東漢墓畫像石中的馬兒，四腿也兩兩前後分開，加上在馬背站立或翻飛的童子，生動異常。有代表性的例子還有原來陳置於唐太宗昭陵北闕的六駿石刻，其中作奔跑狀的三匹戰馬白蹄烏、什伐赤、青騅，也都沿用了這種傳統樣式，其勢如離弦之箭，一往無前。在考古發現中，類似的例子可以説舉不勝舉。

錯金銀銅車飾上的駿馬
河北定縣三盤山西漢中山王墓

百戲圖中的馬
山東沂南東漢墓畫像石

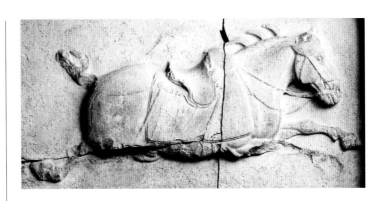

"六駿"石刻中的青騅
陝西唐太宗昭陵北闕

　　就中國的情況來看，這種四腿前後分開的馬是一種很古老的樣式，因為受人喜愛，而在民間工匠、宮廷藝人和文人畫家等不同的藝術家之間代代相傳。至於這種樣式的"著作權"到底歸屬何人，卻難以判定，或者它記錄的是人的共同感受，而不必出自一源。上引的中國古代例子，比席里柯的作品早得多，這也不意味後者必定來源於前者，更不是要強調中國人的祖宗比西人偉大，而是要說明普天之下的人類雖然身處不同的時代、不同的文化背景，在觀察自然，理解世界，表達情感時，完全可以產生共同的感受，從中結出殊途同歸、異曲同工的果實。

一項考古新發現的啟示

　　一項新的考古發現或許有助於窺探畫家的創作思想。2004年，陝西西安理工大學基建工地發掘了一座漢代墓葬，發現許多色彩如新的壁畫。在東壁的射獵圖中，人物所騎的馬兒全都是"愛普松式"的。更有趣的是，在墓葬的特殊環境下，兩千年後，一些畫像底稿的線條隱約顯現出來，仔細觀察，可以看到底稿中有的馬兒前腿本來是向後收起的，但在定稿時，畫者又將前腿改為平行前伸的樣子。

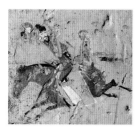

陝西西安理工大學出土
漢墓壁畫

　　這些作品畫在陰冷的墓中，本來只是為死者在地下的
"生活"所預備，一般情況下，生人無法看到，出錢的喪家也
未必認真檢查壁畫的細節，而這樣的修改，又不會對繪畫的
內容以及所表達的觀念有任何影響。那麼，畫工為甚麼要費
心勞神修改這些馬腿呢？答案很可能是，這位畫工並不只是
在被動地工作。他面壁而立，端詳、思考、探索、推敲，不
為這些繪畫在喪葬禮儀中的功用，不為僱主的錢糧，只是為
了把這些奔跑的馬兒畫得更好。面對最後的選擇，他為之四
顧，為之躊躇滿志，這時候，他就不再是一個僅僅為稻粱謀
的普通工匠，而是地道的藝術家了。雖然我們不知道他的名
字，但他的作品完全可以載入一部新版的《中國藝術史》。

（鄭岩，中央美術學院人文學院教授）

徐悲鴻的神駒
重返傳統與尋找新文化

瀟　林

徐悲鴻筆下的馬，
一派天成，自由奔放。

馬是中國歷代藝術家喜愛的形象，從唐人韓幹、宋人李公麟、元人趙孟頫到清代郎世寧、任伯年，都留下諸多畫馬佳作。更不要說歷代所繪的車馬出行圖、秦的銅車馬，以及飛騰的"馬踏飛燕"……給我們留下關於馬的神奇想像了！馬同樣是西方畫家由衷喜愛的繪畫題材，19世紀法國油畫家席里柯就一生愛馬，他畫馬的作品多達千幅，最後卻因騎馬受傷，英年早逝，只活了33歲。

中國現代著名畫家徐悲鴻，以畫馬聞名於世。但他的馬不同於中國古代的馬的情態，也不同於他所要學習的西方傳統。

徐悲鴻筆下的馬無論立馬、飲馬、奔馬、群馬，也無論是岸邊馬、樹下馬、崖上馬、草上馬……都全無韁繩、馬鞍，一派天成，自由奔放。

徐悲鴻一生致力於改良中國畫，又以"拿來主義"的氣魄學習西方文化，他畫的馬集寫實、寫意於一體，注重解剖透視的精準與筆墨靈性的融合。於是他的馬一方面高度形似，這以他在巴黎時常常去馬場畫速寫，精研馬的解剖，積稿盈千為基礎；另一方面又是高度寫意，筆墨酣暢的，有中國畫精神。於是我們看到的他的馬就是結構緊湊、筆墨鬆靈的最好狀態，"取像不惑"，只在馬背、馬肚、馬腿、馬脖處粗筆重點勾勒線條，以水墨渲染出大的塊面，在其他部分如馬鬃、馬尾卻運用沒骨畫法，尤其運用水墨飛白，以增飄逸飛動的靈性，意到筆隨。少用渴筆、焦墨而多用濕墨，潤澤有力、輕重有度、濃淡適中，因而氣韻生動。

藉助他山必須自有根基

徐悲鴻雖然是中國畫的革新者，但他並不是全面否定中國畫傳統，"古法者佳者守之，垂絕者繼之，不佳者改之，未足者增之，西方畫之可採入者融之"是他所遵循堅持的中國畫改革方針。準確地說，徐悲鴻所猛烈批判的只是文人畫末流那種荒率枯淡之病，殘山剩水之貌，枯木竹石之弱和普遍的鄉愿之氣，批判的只是董王之類無真氣、血性的摹古之風，他認為這是國民精神貧弱在美術上的體現。為了療救之，他大力提倡寫實，並以大氣力學習西方文化，上追古希臘、羅馬、文藝復興之精神，下尋啓蒙時代、現實主義和浪漫主義的傑出代表，吸取西方美術中的"磅礴大氣、高邁之才，廣博之藝，精深之學"，尤其崇拜米開朗基羅的力、德拉克羅瓦的雄強和羅丹的凝重沉雄之美。他認為這些力量正是改造中國畫（乃至國民精神）的力量。

但在拿來的同時，他認為更要堅持自己的民族文化根底：藉助他山，必須自有根基，否則必成為兩片破瓦，遺人笑柄而已。於是他也在動盪不定的艱難環境中整理國故，他推重吳道子的高妙奇美，舉徐渭為近世畫祖，為范寬《溪山行旅圖》的大氣磅礴而傾倒……於是他的創作即以西方寫實技法為基礎，卻又堅守中國畫的筆墨精髓，因此徐悲鴻的馬融合中西，形成了收放自如、兼工帶寫、雄強奔放，卻又優雅挺秀的氣派和特性。

徐悲鴻想以畫為手段來改造國民性，於是積極倡導寫實，也就當然地被認為是現實主義的代表。但是他的現實主義不取慘澹的人生，不鋪排淋漓的鮮血，但這絕不意味他不關注現實，他只是大多時候沒有直接摹寫而已。以動物花鳥寄興，隱喻和象徵是他重要的手法，這是文人畫的優秀傳統，於是他筆下風雨高鳴的雞、逆風搏擊的雀、飛升的鷹、負傷的獅以及偉岸的松柏、高潔的梅蘭就都是託物言志的表現，而他一生中畫得最多最愛的馬，當然更是如此。

徐悲鴻的詩人情懷

"百載沉疴終自起，首之瞻處即光明"是他的畫上題詩。他以詩人一般的情懷，以少小時候就擁有的"江南貧俠"、

"神州少年"的英武豪氣，站在黑暗的現實世界的此岸，嚮往着未來。於是他的馬就是新世界的曙光，英姿颯爽、如風似電、奔放昂揚、堅韌驍勇，一往無前，真可謂"一洗萬古凡馬空"！"問汝健足果何用，為覓生芻盡日馳"、"直須此世非長夜，漠漠窮荒有盡頭"、"山河百戰歸民主，鏟盡崎嶇大道平"都是他的言志明示！

徐悲鴻的馬便不是現實世界的馬，而是"天神"與"豪俠"，是"超絕塵寰的英靈般的嚮往"，是神駒，代表他的理想情懷、人格氣質、詩意追求與審美願望，不沉鬱頓挫，也不劍拔弩張，但見自由灑脫，雄奇美麗，而成了他的人格化寫照。這種本體論的寄寓，因其理想性而超越了時代性，這種奔放的熱情和執着追求的決心氣概，也就具有了各個時代各個民族都可以欣賞的奮鬥不息積極向上的感情力量。

馬是徐悲鴻的心情日記

徐悲鴻的馬也因此寄託着他的希望、歡樂甚至是悲哀和惆悵，甚至成為他的心情日記。他一生愛馬，和馬在一起，聽着馬蹄得得的聲音，看着馬迎風奔馳的樣子，他會覺得是一種特別的精神快樂和享受。他不放過一切可以和馬親近的時刻。他是南方人，自小沒有多少和馬交往的經歷，到了巴黎，也是去賽馬場畫馬，那麼到了印度，有機會長時間馳騁於草原，他便格外悉心觀察那些美麗而剽悍的駿馬：看馬長長的耳朵，寬寬的鼻子，閃光的皮毛，……看馬的奔跑跳躍、引頸交鳴，他靠近馬溫暖的脖頸和胸膛，簡直陶醉了，馬的形體，馬的情感，馬所交織的雄壯、神秘又清朗的生命之極美鐫刻在他的腦海中，於是他更加深刻地理解馬的忠實、無怨、勇猛與馴良，多好的夥伴啊！多麼相像相通的靈魂啊！於是生逢亂世，命運多舛的徐悲鴻把馬當作知心朋友，甚至當作堪託死生的家園，寄託他對故國家園的懷念、對顛沛流離的無奈，甚至記述着他旅途中的困頓休憩、黃昏中的如煙惆悵……這是我們在他的《回頭馬》、《飲馬》、《我馬瘏矣》、《大樹雙馬》這類作品中一再能體會的情愫。

如果說向理想進發的"神駒"、"豪俠"那般逸氣瀟瀟的奔騰駿馬是畫家徐悲鴻的高亢之調，從而顯示了他壯美的一生，年輕英俊一生的全部豪情，那麼堪託死生的家園裏的黃昏惆悵牽絆，就是他絲竹管弦的柔曼低調，在這裏他可以洗滌奮進抗爭的傷口，可以休養顛沛流離的靈魂……家園回憶與天堂嚮往，重返傳統與尋找新文化，宿命地深藏着徐悲鴻以及他那一代人的精神自供狀，"哀鳴思戰鬥，迴立向蒼天"。於是在這高低錯落之間，徐悲鴻的馬便在瀟灑中具有了些許沉雄悲壯之意，一如他的名字，悲嘯的征鴻，早已宣告了他的一生是戰鬥的一生，披荊斬棘的一生，同時也是光榮悲慨的一生。

（瀟林，中國人民大學副教授）

戲曲舞台上的"馬"　　黨　寧

　　中國戲曲美學的一大特點是虛擬，常見的是以一桌二椅表現室內空間，戲中人開門關門插門栓，都以虛擬的手法來表現。一桌二椅表現的是靜態的空間，但是戲曲也極需表現交通、戰爭等動態場面，戲曲表演者也能細膩地以虛擬手法表現動態的馬和人與馬的交流。

　　若不知戲曲的"戲"，便見不到戲曲中的馬。

　　《史記・淮陰侯列傳》中，司馬遷有一個"戲"字用得真好："及項梁渡淮，信杖劍從之，居戲下，無所知名"。一說戲與麾通，司馬遷假"戲"於"麾"，可見老先生深知"戲"與"麾"的本意。

　　"麾"當真時，風吹戰旗，咧咧之聲摧人心魄，揮舞時，則頓成殺伐的"利器"；若不當真，不過是風撫絲帛而已。

當真與不當真，全在看戲的觀眾自己。

　　去年秋間，我在甘肅玉門關下，見一個小兒拖木棍在胯下奔跑，跑到一處，他忽然化"馬"為刀，在虛空處奮力砍殺，夕陽下、古城旁，恍惚間似霍去病再生。騎竹馬木馬是我們兒時的把戲，是京城中久已不見的景象。

崑劇《界牌關》羅通
浙江崑劇團林為林飾，手執的
槍是他的馬（劉國輝攝，鳴謝
香港中華文化促進中心）

當年遊戲者只記得胯下"白龍馬"的迅捷，只記得砍殺時的"英雄"氣概，還有落荒而逃時的傷心，好像不曾有過竹馬嬉戲的玩伴問過"為甚麼你那木棍忽然當作馬，忽然當作刀槍？"

元代的戲曲表演我們已無從知曉，但在《全元曲》中，有關於竹馬的記述。在《蕭何月下追韓信》一劇中，就有"正末背劍踏竹馬上"、"踏竹馬兒調陣子上"等提示的句子。元代的看客應該識得那"馬"，於是才有"層層疊疊團團坐"的觀戲盛況。

至於更早的南宋戲文，或許處於戲曲發端階段，保留更多的說唱藝術的特質。根據現存的南宋戲文的劇本，戲中的馬，是用角色說唱的方式以及唱詞中夾雜着的模仿馬蹄的聲音來表現，以讓觀者相信"馬"在舞台上馳騁。

近現代戲曲上，已沒有了竹馬，據說個別地方戲尚有遺存，可惜我無緣得見，馬鞭成了新的指代。戲曲演員以特定程式動作，將馬鞭指示馬。

馬鞭作為象徵馬的符號，含義並不單一，三穗的馬鞭代表文官的良駒，五穗的馬鞭則暗示武官的寶馬；黃、黑、紫色的馬鞭，表達乘騎者身份高貴。馬鞭的色彩除了代表乘騎者，還是對一些名馬的指代，如紅色馬鞭代表赤兔馬，白色的算作白龍駒，黃色的便是黃驃馬……。

程式化的動作

程式化的動作則被歸納為——趟馬。趟馬常由圓場、轉身、勒馬、揮鞭、高低亮相等程式動作組合而成。女角的趟馬還可以加上鷂子翻身、臥魚、掏翎等動作。趟馬還有雙趟馬、多人趟馬。

如此表述，似乎清晰瞭然，但未足以盡中國戲曲對馬的虛擬之美。

戲曲中塑造馬的個性，模仿馬的行為，既是為了馬，也是為了劇中人物；而像小孩騎竹馬一樣，鞭與馬倏而合、倏而分，這是為了戲，為了戲中情味。

京劇《長坂坡》中，當曹營點將之後，曹操在眾將的簇擁下，左手持令旗平架於肘，右手接過馬童遞過來的馬鞭，上馬、亮相、轉身，腳下蹀出方步、右手向下舒緩地三揮鞭，下場。在這連串動作中，首先見到馬童平舉的馬鞭，營構的是牽馬的意象，此時的馬鞭就是馬；而至曹操手中三揮鞭，馬鞭終又回歸於馬鞭。至於演員蹀出的方步，可以解讀為是曹操的，也可以解讀為是坐騎的，若解讀為共屬則更得其意。戲曲有模仿，卻不專着意於模仿。這一段戲中，戲曲藝術家關心的是：傲慢、驕狂的性格特點是否瀰漫於舞台之上。

在曹操及馬共屬的方步中，曹操揮動馬鞭似驅馬，更有驅動天下之意。於是舞台上人傲慢，馬也驕狂。

而《長坂坡》至"當陽橋"一段，在張飛高聲喝喊後，曹操側身背對觀眾，身體略前屈，右手向後、向下急促的三揮鞭，腳下踏出左低右高、踉蹌連連的舞步，下場。

這時的舞台上，又有了馬膽寒、人怯懦的景象。

演員腳下踏出左低右高、踉蹌連連的舞步，表現了人與馬被震嚇後，肝膽俱喪的窘態。戲曲的看客決不會問：演員窘態哪一步是曹操的，哪一步是馬的。

馬鞭、趟馬的指代功能

在戲曲中，馬鞭、趟馬可以指代馬，但沒有了馬鞭、趟馬，卻未必不可以表現馬。也是在京劇《長坂坡》，趙子龍救幼主一段戲中，子龍騎馬站在山崗（砌末）上，欲躍下。戰馬似有靈性，長鳴（場外伴音）而不肯前行，一任催促後躍下，旋即掉入陷馬坑中。此時演員左單膝跪地，右腿後伸，雙手握長槍中間作緊抓馬韁狀，在單膝前行時雙手抖動，作勒馬狀，似在不停地催促寶馬躍出陷馬坑。這一段戲，趙子龍沒有手持慣用的白色馬鞭，演員甚至沒有表現趟馬的機會，但馬還是活生生地呈現於舞台。

沒有馬鞭的馬也好看，但這不是否定馬鞭的指代功能。馬鞭的指代功能自有其獨特的妙處。

《扈家莊》中扈三娘（上海崑劇團王芝泉飾）一個馬上動作（劉國輝攝，鳴謝香港中華文化促進中心）

京劇《坐寨盜馬》講竇爾墩盜御馬，栽贓黃三太的故事。既是御馬，自然是以黃色三穗馬鞭代之，或嫌不足，鞭桿上又加兩朵黃色綢花，又有四護衛、四馬夫輪番伺候。持鞭者更是臂幾與肩平，馬鞭直上直下，一副莊重、恭敬的神態。即便是草莽英雄竇爾墩盜得御馬，也是如此恭敬。與他人所不同的是竇爾墩右手的刀，當盜得御馬，御馬嘶鳴時，右手持刀的刀尖直指左手牽着的御馬（黃色三穗馬鞭），嘴裏唱到"千里駒休得要踢跳喧嚷"，似有威脅之意。

有趣的是當竇爾墩牽着御馬（黃色三穗馬鞭）遠離危險之後，御馬再次踢跳、嘶鳴時，馬鞭由右手轉左手，隨之右手撫向馬背的位置。於是左手持的馬鞭，不再是指代馬，一化而為被左手抓牢的馬嚼子。

兒時竹馬嬉戲玩伴不問 "為甚麼忽然是馬，忽然是刀槍"，才能玩得興高采烈，忘乎所以，玩得進入化境，沙場連天，真假莫辨。

戲曲的"戲"也莫作如此一問。

（黨寧，中國戲劇學院副教授）

焦點藝術品
踏着飛鳥的銅奔馬

周繁文

既美麗，又構思巧妙的銅奔馬
甘肅武威雷台古墓出土，長45
厘米，寬10.1厘米，通高34.5
厘米

中國有很多優秀的立體馬塑像，像趙王陵生動的青銅馬，俊美挺拔的鎏金銅馬，古拙渾樸的馬踏匈奴、成熟華美的唐三彩馬等，然而如果要選一件既美麗，又構思巧妙的馬塑像，自非雷台的銅奔馬（馬踏飛燕）莫屬。

1969年，一群農民在甘肅武威雷台偶然打開了一座有三個主室和三個側室的墓葬：發現這墓葬即使屢經盜掘，墓室地面仍鋪着兩萬多枚銅錢，仍出土兩百多件器物，絕大部分是銅製的車、馬和人俑，它們組成了墓主人威風凜凜、排列整齊的出行儀仗隊。

墓裏出土許多馬匹，只有一匹塑成快速奔跑的姿態。

牠沒有鞍韉，牠的動態也顯示牠不是出行儀仗成員。這匹剛
出土時身上還保留部分彩繪的銅奔馬，後來成為武威地方標
誌，並以"馬踏飛燕"之名而廣為人知，這件驚世藝術品也
使雷台古墓聲名大噪。

銅奔馬體態健美，一看而知是一匹矯健的駿馬。但藝術
家工匠還想表現牠是奔跑迅捷，日行千里的良馬，於是巧妙
地構思出這樣的造型：奔馬昂首奮尾，三蹄騰空，右後蹄卻
踏在一隻飛鳥的背上，飛鳥展翅回首。這一件可謂"天馬行
空"的瑰寶，激發人的想像力。大家迫切想知道：這匹踏着
飛鳥的駿馬究竟象徵甚麼？該怎樣為這件作品定名？

鳥的作用

塑造立體的奔馬，要解決塑像如何平衡，如何支撐的問
題。我們可以簡單地認為馬蹄下的飛鳥，也許一開始只是一
個能使銅奔馬平衡站立的支座。藝術家為了美觀，把支座做
成鳥的形狀。

然而這真只是一件把支座的功能略作裝飾的產物嗎？馬
為甚麼踏在鳥上，那鳥又是甚麼鳥呢？

古人頌讚良駒，總將疾飛的燕子和疾馳的駿馬聯繫在一
起，如南朝沈約詩有 "紫燕光陸離"句（註："紫燕，良馬
也。"），梁朝簡文帝詩云："紫燕躍武，赤兔越空。"第二
句中赤兔指馬，紫燕亦指良馬。李善註謝靈運詩云："文
帝自代還，有良馬九匹，一名飛燕驃。"甚至有直接稱為
飛燕驃的良駒，所以當熟悉詩文的郭沫若注意到銅馬蹄下踩
着一隻小飛禽，便用詩人的語言擬出"馬踏飛燕"這一個美
名，成為這匹馬為世人熟知的名字。

阿拉伯馬的特徵是胸廓
寬厚，體態健美

但是細心的人發現，銅奔馬所踏的飛鳥並沒有燕子那標誌性的的剪刀尾巴。實在不能想像，那能夠把駿馬鑄造得出神入化的工匠，竟會疏忽大意，忘記為"燕子"造出剪刀尾巴。

於是幾經析證，有認為那鳥兒是西北甘肅、新疆地區一種常見的遊隼，"馬踏飛燕"應該更名為"馬踏飛隼"。我們知道，遊隼是猛禽，雖然體型不大，但飛行速度比燕子快得多。從這個角度考慮，雖然對銅馬腳下所踏禽鳥是燕是隼，意見不同，但這件銅奔馬的造型都是為了體現駿馬疾馳的速度，想想看，能將飛燕或遊隼踏在蹄下，這該是多麼神速的一匹千里馬！

有些學者則認為銅奔馬蹄下的是鷂鷹，並且提出，奔馬和鷂鷹其實是主人的獵馬和獵鷹。證據是飛鳥的尾部有一個未穿透的孔，這恰是獵鷹尾部繫鈴或絢索的做法。所以這件藝術品是走馬飛鷹的場景，表現墓主人悠遊的田獵生活。

人間駿馬還是天上神馬

像雷台墓其他銅馬一樣，銅奔馬耳朵俊挺，胸廓寬厚，體態健美，有學者致力於識別這匹馬的品種，根據銅馬的體質特徵，認為牠屬於阿拉伯馬系，也就是當年聲名赫赫的大宛馬，有學者聯想到漢武帝得到大宛汗血寶馬，將其命名為"天馬"的典故，因此主張以"天馬"命名這件藝術品。

按理來說，鳥是在天上飛的，天馬雖然神俊，卻不是神馬。於是有學者以為銅奔馬還不是人間的馬，而是傳說中一種能悠遊於九霄的神馬。至於神馬蹄下的鳥，其中一種很流行的說法認為是象徵風神飛廉的龍雀。因為史書記載，東漢明帝曾經將"飛廉並銅馬"放在都城西門的平樂觀上。後來張衡還在《東京賦》裏寫下了"龍雀蟠蜿，天馬半漢"的辭句，"蟠蜿"是蜷縮的體態，"漢"是"河漢"，即天上的銀河，而"半漢"則是指天馬行空遨遊的樣子。這樣的辭句不正是形容這件踏着飛禽的銅馬麼？於是認定這就是當年的"飛廉並銅馬"，可以稱為"馬超龍雀"。這種說法得到很多人認同，一度作為銅馬的正名。

但是，很快有人發現了其中的蹊蹺。首先是作為風神飛廉的"龍雀"，雖然名字中帶有"雀"字，卻長得和普通禽類不同，《三輔黃圖》說牠"身似鹿，頭如雀，有角而蛇尾，文如豹"；郭璞說牠"鳥身鹿頭"。總之，是一種複合的動物，在漢魏晉出土的絲織品圖案中曾經發現過。其次，"飛廉並銅馬"到底是一件東西還是兩件，因為文獻含糊，現在也還有爭論。

銅馬法 / 相馬式

還有一種出乎意外的推測，認為這是一尊相馬的塑像。中國古人很早就開始研究"相馬術"，還有不少著作，其中名聲最盛的就是伯樂。與相馬術相關的，是以圖像表現的

"馬式"，馬式還有用銅做成塑像，以作為標準造型器的。有
學者細心比較了幾種相馬經中的良馬標準和雷台銅奔馬的體
態特徵，發現幾乎每項特徵都與相馬經的標準相當吻合。

不過，相馬式應該做成靜止站立狀態，以便使用者與真
馬比照，而且沒有必要做成馬蹄踏鳥的狀態。

主張"馬式"說的學者也對這兩點疑問提出合理解釋：
鑄造者想要表現這種馬的一個重要特徵，即相馬術所說的
"對側步"，即同一側的蹄同時向前，或同時向後。走"對側
步"的馬，不但奔跑迅速，而且馬身只會左右搖晃，使騎馬
者極為舒適，十分適合長途的交通和作戰。一般的馬並不這
樣奔跑，只有一種良馬具有這樣的行動特徵，今天西北還有
這種馬。至於馬所踏的飛鳥，主要是配合馬的姿態特意做出
來的固定支座，之所以塑造成鳥的形狀，靈感也是來自相馬
經。經文中提到，良馬有兩類，一類可以超越野獸，而另一
類可以超越飛禽，即所謂的"逮鳥鴉"。而鳥形的支座既可
以表現這是匹比飛鳥還快的絕世良馬，又與相馬經呼應，
一舉兩得。至於鳥的種類，可能是烏鴉，也可能是泛指飛
鳥，這就是牠為何在技藝高超的工匠手下反而形體特徵模糊
的原因。

這件超凡藝術品的時代

雷台墓的主人是誰呢？墓中出土三枚有"將軍章"字樣
的銀印章；刻有文字的銅車馬、人俑則標示它們屬於不同身
份的張姓主人；還有一件簡陋的灰色小陶碗，上刻"張家奴
字益宗"。一座墓怎麼有這麼多身份的"主人"呢？一種可
能，是墓中埋有多人。大概從西漢末年開始，流行將家族中

多代的死者（甚至包括奴僕）合葬。可能是為了配合這種習俗，墓室往往營造得很大。而由於埋葬的人數多，各自有一套隨葬品，總數也就顯得可觀。可能雷台墓也埋有不止一代人，他們有將軍、有縣長兼左騎千人官、有平民、有家奴。由於墓穴多次被盜，骨骸已經無存，也許墓主的真實身份只能埋藏在歷史深處了。

關於墓葬年代，最廣為人知的說法是東漢，這是發掘者根據發掘當時的認識和經驗，尤其是對墓葬出土錢幣年代的判斷而研判的。隨着西北地區發現更多中古時期墓葬，雷台古墓年代也受質疑。墓中有些錢幣很明顯發行於西晉年間，而墓室建築和一些隨葬品，也明顯表現出西晉時期的特徵。因此，該墓應當是一座西晉墓，這說法目前得到學術界普遍認同。

超越時空的藝術感染力

銅奔馬是一件人工製品，卻宛似不過是時間自然靜止在駿馬奔馳時踏上飛鳥、飛鳥才驚愕回首、駿馬又要絕塵而去的一剎那。這自然的一瞬間，飽含鮮活的藝術生命力。無論它鑄成於甚麼時代，無論踏鳥是實用的支座還是巧思的產物，更無論馬是奔騰在人間還是天上，銅奔馬是中國馬塑像中的焦點藝術品，應該沒有太大爭議。

（周繁文，北京大學考古文博學院博士研究生）

風入四蹄輕

古典文學中馬的意象 呂玉華

馬的儀態高貴，性情忠誠機敏，更有非凡的速度和耐力，牠的審美價值歷來高於其他家畜，以至於古人認為"馬八尺以上為龍"（《周禮·夏官》）。馬與集美德之大成的龍相等，這應該是最高的讚譽了。

《詩經》大概是中國寫馬最多的古典文學作品，但迷戀於馬的神俊的文人，畢竟要先推杜甫。且看杜甫詩《房兵曹胡馬》：

> 胡馬大宛名，鋒棱瘦骨成。竹批雙耳峻，風入四蹄輕。
> 所向無空闊，真堪託死生。驍騰有如此，萬里可橫行。

馬有瘦骨，不是肥蠢的肉馬，腳力好，外形神俊，如同最好的夥伴，堪以生死相託。得馬如此，怎能不橫行天下？馬與英雄相映生輝，成為文學史上強勁的旋律。

英雄良駒相映生輝

《三國演義》第三十四回劉皇叔躍馬過檀溪的一幕，堪為老杜詩最好的佐證。劉備所獲馬"眼下有淚槽，額邊生白點，名為的盧，騎則妨主"。妨主，即對主人不利。劉玄德縱馬奔命，不料前有大溪，後有追兵，情勢危急之下，"玄德乃加鞭大呼曰：'的盧，的盧！今日妨吾！'言畢，那馬忽從水中湧身而起，一躍三丈，飛上西岸。玄德如從雲霧中起。」

當真是天縱英雄，不是一等好馬，也能通靈。千年後，南宋詞人辛棄疾單羨這「馬作的盧飛快」（《破陣子》），何嘗不是亂世中對功業的渴求，虎膽英雄被束縛的吶喊？

當然，這更得看騎手是否真英雄。倘若豎子無能，不僅的盧，任是天馬也難挽局勢。而且中國小說中重視名馬配真英雄，儘管有「人中呂布、馬中赤兔」的說法，呂布終究沒使赤兔馬功成名就，而轉歸關羽之後，成就了千里走單騎、義薄雲天的壯舉。

而英雄走到末路時，亦深感辜負了忠誠的良駒。項羽垓下被圍，四面楚歌，慷慨曰：「力拔山兮氣蓋世，時不利兮騅不逝，騅不逝兮可奈何，虞兮虞兮奈若何？」（《史記·項羽本紀》）這裏的「騅」，就是跟隨項羽多年，立下赫赫戰功的坐騎青騅馬。

文人知己等待賞識

馬與英雄的命運如此糾結，可謂惺惺相惜。人才不被重用，猶如千里馬無法馳騁。韓愈一篇《馬說》將「千里馬常有，而伯樂不常有」的主題推到極致。對於大多數的士人來說，惟有君主和執政者才有資格做伯樂，才能將他們從凡俗布衣中提拔起來。對伯樂的盼望，實則是對君主和執政者的盼望。

《戰國策·燕策》中記載了郭隗教導燕昭王如何吸引人才，他講述了一則寓言：有古代君王用千金買千里馬，其使臣花五百金買回千里馬首。死馬尚費五百金，何況活馬？於是，天下以為君主買馬之意誠，不到一年就有多匹千里馬被送來。燕昭王是識時務者，聽了寓言立刻禮遇郭隗。樂毅等才能出眾者受此感召，絡繹到來，共襄燕國大業。

燕昭王納賢的故事被一傳再傳，演變成高台堆黃金，以金錢和禮遇招攬人才。後世有幸報國者，猶如登上黃金台，不惜“提攜玉龍為君死”（李賀《雁門太守行》）。只是多數人仍然只能望宮闕而長歎，直至蹉跎一生，就像韓愈所言：“故雖有名馬，只辱於奴隸人之手，駢死於槽櫪之間，不以千里稱也。”不能不令人浩歎：人耶？馬耶？命運何其相似耶？

馬與人結緣，不僅在戰場，對於無數文人來説，在旅途中相伴是更大的溫暖。

周穆王八駿日行三萬里，奇麗壯闊，情懷浩蕩（《穆天子傳》）。但帝王行程畢竟罕見，更多的還是清寒士人，干謁四方，漫漫征途，惟有馬見證了遊子的孤獨與哀傷。

> 采采卷耳，不盈頃筐。嗟我懷人，寘彼周行。
> 陟彼崔嵬，我馬虺隤。我姑酌彼金罍，維以不永懷。
> 陟彼高岡，我馬玄黃。我姑酌彼兕觥，維以不永傷。
> 陟彼砠矣，我馬瘏矣，我僕痡矣，云何吁矣！

> （《詩經·周南·卷耳》）

崔嵬、高岡、砠，無不説明路途艱險，又這般人疲馬病，究竟為甚麼遠離家鄉？惟有以酒消愁，卻無一字言歸去。

相似的聲音也在元曲中回響：

> 枯藤老樹昏鴉，小橋流水人家，古道西風瘦馬。夕陽西下，斷腸人在天涯。

> （馬致遠《天淨沙·秋思》）

這首曲字句簡潔，表現力卻豐富。相比於《卷耳》中"金罍、兕觥"這種富麗的身份暗示，《天淨沙·秋思》的情致更加枯瘦蒼涼，是失意文人在旅途的最好寫照。

少年遊俠瀟灑輕狂

在中國古典文學中，最跳脫的形象就是遊俠少年，所謂"五花馬，千金裘"，遊俠聲名都是馬背上得來。曹植《白馬篇》承續了沙場征戰主題，又開啓了遊俠少年形象的先聲。

> 白馬飾金羈，連翩西北馳。借問誰家子，幽並遊俠兒。
> 少小去鄉邑，揚聲沙漠垂。宿昔秉良弓，楛矢何參差。
> 控弦破左的，右發摧月支。仰手接飛猱，俯身散馬蹄。
> 狡捷過猴猿，勇剽若豹螭。邊城多警急，胡虜數遷移。
> 羽檄從北來，厲馬登高堤。長驅蹈匈奴，左顧陵鮮卑。
> 棄身鋒刃端，性命安可懷？父母且不顧，何言子與妻！
> 名編壯士籍，不得中顧私。捐軀赴國難，視死忽如歸。

此詩以"白馬"發端起興，引出少年形象，又一筆不苟地詳寫其武藝高超，以及戍邊征戰的行為、視死如歸的情懷。

在其後的詩歌史上，遊俠少年瀟灑依舊，只是濃墨重彩的摹畫變成了風神勾勒。略顯輕浮的舉止下，是獨屬於少年人的天真，雖矜持作態，卻永遠不會庸俗。在這些詩中，駿馬仍是人物不可或缺的襯托。

> 新豐美酒斗十千，咸陽遊俠多少年。相逢意氣為君飲，
> 繫馬高樓垂柳邊。

（王維《少年行》）

五陵年少金市東，銀鞍白馬度春風。落花踏盡遊何處，
笑入胡姬酒肆中。

（李白《少年行》）

多麼青春煥發的畫面，甚至聽得見少年的朗朗笑聲。這樣的倜儻和灑脫，來自於在春風裏縱橫馳騁的身影，來自於翻身下馬的矯健。離開馬，似乎所有豪情都沒了着落。

（呂玉華，山東大學文學院副教授）

關於馬的**小問題**　　本館編輯部

"羈"是甚麼?甚麼情況下說人家"不羈"?

羈的本意是指馬的絡頭,即套在馬頭上,用來拴馬的馬具。明白這個意思,就會明白說人"不羈"的意思了。羈在這裏引申為"束縛、拘束"講,就是說一個人不受束縛,我行我素。其實,從羈字的字形也可以猜出它的含義:"馬"被用"革"拴在馬槽(皿)上。後來,這個字就有了束縛、囚禁的引申含義。

不過,不受束縛也不那麼壞。像司馬遷在《報任少卿書》自言:"僕少負不羈之才,長無鄉曲之譽。"就有點謙遜地自負的感覺。如果被人說"狂放不羈",那就真是貶義了。

駱是甚麼？駱駝又不是馬，為甚麼是馬字旁？

　　駱駝這種動物大家都比較熟悉，知道牠是"沙漠之舟"，而不是馬。但"駱"、"駝"的本意是甚麼呢？"駱"最初是指駱馬，一種白身、馬頸的毛黑色的馬。"駝"指的才是今天所說的"駱駝"，同時駝還有"馱"的意思，表示負重。"駝"從"馬"字旁，表示其為與馬相類的動物。後來，"駱駝"被合用，成為一個專有名詞。

為甚麼公主的丈夫叫駙馬？

　　古時候，幾匹馬並排共同拉車，在轅最外的馬叫駙，有時也用來稱呼副車的馬，"駙"也就是"副"的意思。漢武帝時期，設立了"奉車都尉"、"駙馬都尉"等職，負責皇帝出遊時的車馬，"奉車都尉"負責御乘輿車，"駙馬都尉"則負責副車。到魏晉時期，此官職經常由皇帝的女婿來擔任，簡稱駙馬。例如魏國的何晏，以皇帝女婿的身份授官駙馬都尉，晉代杜預娶晉宣帝之女安陸公主，王濟娶司馬昭（文帝）之女常山公主，都授駙馬都尉的官。從此，駙馬就不是一個實際的官職，而是代指皇帝的女婿。清代改稱"額駙"。

心又不是馬，怎麼"無旁
騖"呢？

　　騖是馬快跑。一個人老是對旁邊其他東西有興趣，而且像馬那樣一溜煙跑了去，可以想像那種不留心，老是叫不住的樣子。叫人"心無旁騖"，就是叫你要心思集中，專心致志。

開汽車為甚麼用馬字旁的
"駕"與"駛"？

　　駕、駛是跟馬有密切關係的。"駕"是指把車套在馬等牲口身上。"駛"指馬快跑。這兩個字借用在開汽車上面，也是有講究的，我們會說駕車，而不說駛車，因為"駕"比"駛"有控制駕馭的意思。此外，駕駛馬車有個專用詞——"馭"，又字是手的樣子，後來才寫成"又"，會意來看，就是一隻手在趕馬。古時駕車的人稱為馭手。

"駢體文"是文章體裁,與馬有甚麼關係?

魏晉時期,出現一種文體,全篇文章都以四言或六言的對偶排比句為主,例如:《哀江南賦》"山嶽崩頹,既履危亡之運;春秋迭代,必有去故之悲。"《夜亭度雁賦》"春望山楹,石暖苔生。雲隨竹動,月共水明。暫逍遙於夕徑,聽霜鴻之度聲。"《討武檄文》"燕啄皇孫,知漢祚之將盡。龍漦帝后,識夏庭之遽衰。"《滕王閣序》"漁舟唱晚,響窮彭蠡之濱;雁陣驚寒,聲斷衡陽之浦。"這種文講究韻律與格式,與句子長短不齊的"散文"完全不同,稱為"駢體文",或者"駢文"。

"駢"是指並駕的馬,進而引申出並列、對仗工整的意思,也就借用為這種講究對仗的文體的稱呼了。

與馬相關的**專名**　　　本館編輯部

馬的毛色

古人將不同毛色的馬分得非常的細緻，並且給每種毛色的馬都起了
不同的名字，以示區別。我們舉幾個大家較為常見的例子。

純色馬

驪  深黑色的馬。
lí　　　　　　驪山

騂  赤色馬，也常用作赤色牛。
xīng

黃  金赤色的馬。
huáng

有斑紋的馬

騮 亦作"駵"。紅身黑鬃尾的馬。也泛指駿馬。
liú　　　　　　杜甫《丹青引贈曹將軍霸》"忍使驊騮氣凋喪"。

驃 黃色有白斑或黃色白鬃尾的馬。
biāo　　　　　杜甫《徒步歸行》"妻子山中哭向天，須公櫪上
　　　　　　　追風驃。"

騏 青色有黑紋的馬。
qí　　　　　　曹植《求自試表》"臣聞騏驥長鳴，伯樂昭其
　　　　　　　能；盧狗悲號，韓國知其才。"

驈 身黑股白的馬。
yù

駱 亦作"雒"。白身黑鬣的馬。
luò　　　　　　白居易《不能忘情吟》"駱力猶壯，又無虺隤。"

魚 眼眶有白圈的馬。
yú

毛色相雜的馬

驄
cōng

青白色相雜的馬。

李賀《浩歌》"青毛驄馬參差錢，嬌春楊柳含細煙。"

駁
bó

亦作"駮"。馬的毛色不純，也指毛色不純的馬。

《詩·豳風·東山》"之子于歸，皇駁其馬。"

騜
huáng

黃白色相間的馬。

駰
yīn

淺黑帶白色的雜毛馬。

《詩·小雅·皇皇者華》"我馬維駰，六轡既均。"

騅
zhuī

毛色蒼白相間的馬。

李商隱《無題》詩"白道縈迴入暮霞，斑騅嘶斷七香車。"

驒
tuó

毛色呈鱗狀斑紋的馬。

駓
pī

毛色黃白相雜的馬。

騢
xiá

赤白相間的雜毛馬。

馬名遊戲

古詩中有很多馬的專名，下面一首《詩經》的詩，請填
上相關顏色。

《詩經·魯頌·駉》

駉駉（dòng 馬肥壯的樣子）牡馬，在坰之野。薄言者：
有**驕**🐴有**皇**🐴，有**驪**🐴有**黃**🐴，以車彭彭。
思無疆，思馬斯臧！

駉駉牡馬，在坰之野。薄言駉者：有**騅**🐴有**駓**🐴，
有**騂**🐴有**騏**🐴，以車伾伾。思無期，思馬斯才！

駉駉牡馬，在坰之野。薄言駉者：有**驒**🐴有**駱**🐴，
有**駵**🐴有**雒**🐴，以車繹繹。思無斁，思馬斯作！

駉駉牡馬，在坰之野。薄言駉者：有**駰**🐴有**騢**🐴，
有**驔**（diàn 膝脛有長毛的馬）有**魚**🐴，以車祛祛。思
無邪，思馬斯徂。

《詩·小雅·皇皇者華》

皇皇者華，於彼原隰。駪駪征夫，每懷靡及。

我馬維**駒**（jū 二歲的馬。泛指少壯的馬），六轡如濡。
載馳載驅，周爰咨諏。

我馬維**騏**🐴，六轡如絲。載馳載驅，周爰咨謀。

我馬維**駱**🐴，六轡沃若。載馳載驅，周爰咨度。

我馬維**駰**🐴，六轡既均。載馳載驅，周爰咨詢。

馬　具

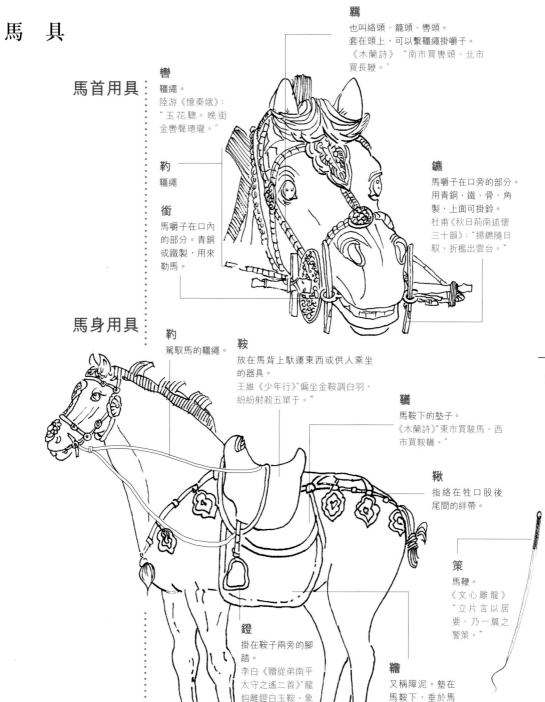

羈
也叫絡頭、籠頭、轡頭。
套在頭上，可以繫韁繩掛嚼子。
《木蘭詩》"南市買轡頭，北市
買長鞭。"

馬首用具

彎
韁繩。
陸游《憶秦娥》：
"玉花驄。晚街
金彎聲瑽瓏。"

靮
韁繩

銜
馬嚼子在口內
的部分。青銅
或鐵製，用來
勒馬。

鑣
馬嚼子在口旁的部分。
用青銅、鐵、骨、角
製，上面可掛鈴。
杜甫《秋日荊南述懷
三十韻》："揚鑣隨日
馭，折檻出雲台。"

馬身用具

靮
駕馭馬的韁繩。

鞍
放在馬背上馱運東西或供人乘坐
的器具。
王維《少年行》"偏坐金鞍調白羽，
紛紛射殺五單于。"

韉
馬鞍下的墊子。
《木蘭詩》"東市買駿馬，西
市買鞍韉。"

鞦
指絡在牲口股後
尾間的絆帶。

策
馬鞭。
《文心雕龍》
"立片言以居
要，乃一篇之
警策。"

鐙
掛在鞍子兩旁的腳
踏。
李白《贈從弟南平
太守之遙二首》"龍
鉤雕鐙白玉鞍，象
床綺席黃金盤。"

韂
又稱障泥。墊在
馬鞍下，垂於馬
背兩旁，以擋泥
土的馬具。

馬班級

駿馬和劣馬，也有不同的辭彙：

駿 馬	**驥** jì	駿馬。 曹操《步出夏門行・龜雖壽》 "老驥伏櫪，志在千里；烈士暮年，壯心不已。"
	騏驥 qí jì	泛指駿馬。 《荀子》 "騏驥一躍，不能十步；駑馬十駕，功在不捨。"
	驦 shuāng	同 " 驥 "。良馬名。 杜甫《秦州雜詩》 "聞説真龍種，仍殘老驌驦。"
	駔 zǎng/zù	壯馬；駿馬。 《楚辭・九歎・憂苦》 "同駑贏與桀駔兮，雜班駮與闒茸。"
	騄駬 lù ěr	騄駬。泛指駿馬。周穆王八駿之一。 《紅樓夢》 "騄駬何勞縛紫繩？馳城逐塹勢猙獰。" 韓愈《寄盧仝》 "近來自説尋坦途。猶上虛空跨騄駬。"
	駃騠 jué tí	"駃騠 "，良馬名。 《同介修孟遊集元夫園居即事抒懷》 "駃騠七日堪千里，大鳥三年始一飛。"
馬	**驍** xiāo	良馬。 杜甫《房兵曹胡馬》 "驍騰有如此，萬里可橫行。"
	驕 jiāo	六尺高的馬。 韓翃《贈王隨》 "飲罷更憐雙袖舞，試來偏愛五花驕。"
	騋 lái	高七尺的馬。 杜甫《沙苑行》 "苑中騋牝三千匹，豐草青青寒不死。" 徐渭《抱琴美人圖》 "將來換駿馬，期在得高騋。"
	駥 róng	八尺高的馬。泛指雄壯有力的馬。 《再題行看子》 "韓生所貌定傑出，七尺為騋八尺駥。"
劣 **馬**	**駑** nú	劣馬。 《戰城南》 "驍騎戰鬥死，駑馬徘徊鳴。"
	駘 tái	劣馬。常喻庸才。 《楚辭・九辯》 "卻騏驥而不乘兮，策駑駘而取路。"

你熟悉的**馬成語**　　本館編輯部

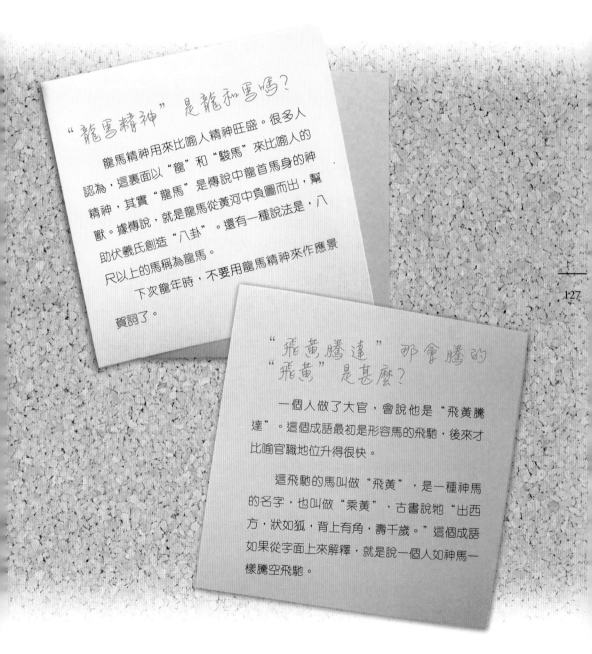

"龍馬精神" 是龍和馬嗎？

龍馬精神用來比喻人精神旺盛。很多人認為，這裏面以"龍"和"駿馬"來比喻人的精神，其實"龍馬"是傳說中龍首馬身的神獸。據傳說，就是龍馬從黃河中負圖而出，幫助伏羲氏創造"八卦"。還有一種說法是，八尺以上的馬稱為龍馬。

下次龍年時，不要用龍馬精神來作應景賀詞了。

"飛黃騰達" 那會騰的 "飛黃" 是甚麼？

一個人做了大官，會說他是"飛黃騰達"。這個成語最初是形容馬的飛馳，後來才比喻官職地位升得很快。

這飛馳的馬叫做"飛黃"，是一種神馬的名字，也叫做"乘黃"，古書說牠"出西方，狀如狐，背上有角，壽千歲。"這個成語如果從字面上來解釋，就是說一個人如神馬一樣騰空飛馳。

分道為甚麼要揚"鑣"?

"分道揚鑣"這個成語既可以表示大家分道而行;也可以表示各自才力相當,各有千秋;還可以比喻獨樹一幟,各行其是。總之就是說彼此要各走各的路——分道,但為甚麼"分道"就要"揚鑣"呢?"鑣"到底是甚麼呢?鑣其實就是馬嚼子,與銜合用,銜在口中,鑣在口旁。青銅製或鐵製,也有用骨、角製的,上面可繫鑾鈴。古人出行不論是乘馬車還是騎馬,要讓馬轉彎,就要勒動一側的馬韁繩,帶動同側的鑣提起——揚起,馬自然就知道向該側轉頭而行了。所以,當走到岔路口,需要"分道而行"時,必然要"揚鑣",分道揚鑣也就逐漸演化為成語了。

鑣

"一言既出,駟馬難追",追人為甚麼要"駟馬"呢?

《鹿鼎記》裏的韋小寶每當發誓"大丈夫一言既出,駟馬難追"時,就暗中不解"駟馬是甚麼馬,怎麼跑得這樣快?"其實,"駟"不是一匹馬,而是四匹馬的總稱。商周和春秋時期,貴族士大夫出行不騎馬,而是乘坐馬車。當時主要是單轅車,不論幾匹馬,都只能採取並駕方式,而一位馭手在車上駕馭四匹馬,要控制多條韁繩,很不容易,所以駟馬車是當時跑得很快的交通工具了。這句成語比喻一句話說出了口,就是套上四匹馬拉的車也難追上。指已說出的話,難於收回。